한 사람이
살아가는 길

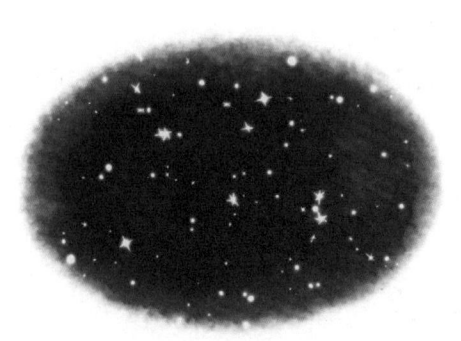

한 사람이 살아가는 길

김영근 지음

서문

 한 사람이 살아갑니다. 어린 시절 가족, 이웃 등 주변의 사랑을 듬뿍 받으며, 자연과 함께 많은 시간을 보냈습니다. 스무 살 이후 객지 생활을 하며 환경에 적응하기 급급한 시간을 지나왔습니다.

 불안하지만 막연한 기대가 컸던 20대였고, 주변보다 잘나고 싶은 욕심이 앞섰던 30대였습니다. 서툰 행동은 만족스럽지 못한 결과로 이어진 경우가 많았습니다. 개인적이든 관계 측면이든 성장에 대한 욕구는 강했습니다. 좋은 사람과의 인연을 소중히 여기고 가꾸려 애썼습니다. 돌이켜보면, 개인의 행복은 물론 부와 명예 등은 모두 인연에서 비롯되는 게 아닐까 싶습니다.

작은 계곡에서 발원한 물줄기가 급류를 지나온 것처럼 과거의 기억은 멀어져갑니다. 추억은 추억으로 짙어가고, 책을 읽고 사색하기를 즐기며 시간이 지날수록 맺은 인연과 깊은 정(情)을 나누며 살아가겠지요.

차분히 삶을 돌아보니, 깨달음이 적지 않습니다. 살아온 날들, 고마운 인연, 머리를 치고 지나가는 몇몇 생각을 정리했습니다. 한 사람이 살아가는 길, 다른 누군가의 길에 공감과 회상이 될 수 있으면 좋겠습니다.

채 정리하지 못한 생각, 글로 담아내지 못한 소중한 인연은 다시 정리할 기회가 있으리라 믿습니다. 가족, 친구, 동료 등 같은 시간과 공간에서 정을 나누며 더불어 살아가는 분들에게 이 자리를 빌려 '소중한 인연이 되어 감사하다'라는 말을 전합니다.

김영근 드림

목 차

서문 004

소소한 깨달음

: 변화를 받아들이는 연습 014

지지(知止), 멈춤의 순간을 아는 것 016

인생의 방향을 설정하는 일 021

: 책은 먼 곳에서 찾아온 벗입니다 026

삶의 정도(生의 正道) 028

: The Oak 034

당구공과 미래예측 036

사람을 사귀는 일 041

용기를 낸다는 것 046

행동하는 양심 051

어려움을 이겨내는 법, 성장한다고 믿는다 055

: 성공하려면 성공 경험을 학습하라 060

인간관계의 비밀, 탐나는 사람이 된다는 것 062

: 겸손 068

어느 기업인의 용인술(容認術)	 070
개인과 공동체의 행복, 리더의 역할	 076
: 행림회춘(杏林回春)	 084
감동적인 사랑, 감동을 주는 정치	 086
: 군자는 원래 궁한 법이라네	 092
정의의 이름으로 자행되는 '정의의 적들'	 094
진인사대천명(盡人事待天命)과 대기만성(大器晚成)	 099
: 하루 세 번 성찰	 104
무소의 뿔처럼 혼자서 가라	 106
: 도시의 퇴근길	 110
적자생존(適者生存, The survival of the fittest)	 112
죽음을 대하는 자세	 120
: 늙어서 슬픈 일	 126
석과불식(碩果不食), 씨 과일은 먹지 않는다	 128
: 더불어 숲	 132

살면서 맺은 인연

: 친구에 대한 생각	 136
잠실 산책	 138
호가 근에게, 근이 호에게	 141
오늘의 여운을 되새기며	 153
내몽고 여행	 157
이상금 교수와의 인연(因緣)	 174
진근록기의 일상	 179
: 백담사 영시암에서 발길을 돌리며	 183
오랜 친구의 조언, 자신을 위해 투자하라	 189
기억을 만나는 시간	 194
인왕산과 안산을 오르며	 198
세신제가(洗身齊家)의 만남	 204
이른 봄날의 오후	 208
: 민주주의 최후의 보루	 214
계절은 바뀌고, 물은 아래로 흘러갑니다	 216
친구 어머니의 부고(訃告)	 221

새로운 길을 떠나는 형(兄)에게 224

문성현 위원장과의 인연 228

동지(同志)와 저녁 식사를 함께하며 235

<살아온 기적 살아갈 기적> 책을 선물하며 240

따님의 결혼을 축하드리며 243

정년퇴직한 선배님의 이야기 246

제주 워크숍에서의 소회 249

가족 이야기

: 두 사람의 사랑도 이제 저녁노을 같다 258

얼려둔 산딸기 260

어머니의 한마디, 고맙고 미안하요 262

대구탕 268

당신의 혼자된 밤 270

아버지의 가르침 274

부모가 되면 알게 되는 것 281

제주 가족 여행 284

소백산 부석사 낙조를 바라보며 288

마지막 순간이 다가오면 292

가을 남산 산책 294

아버지 똥 296

장인어른의 칠순 잔치 301

할아버지에 대한 기억 308

할머니 꽃 312

: 수선화 318

아이의 졸업을 축하하며 320

귀향 323

일상의 생각들

: 인생은 길가에 풀 한 포기가 나서 사는 것 330

청와대 산책 332

: 국가의 성패 334

제주 서우봉 정상에 올라 336

: 사려니숲길 걸으며 340

오월 남산, 보아야 보인다	 342
오대·설악의 추억여행	 347
설악에서의 하루	 353
미시령 고개를 넘으며	 364
5월 지리산	 370
설날 부모님을 뵙고	 374
개심(開心)	 376
홀로 벌초를 하며	 378
블렌하임 궁전의 가을	 380

소소한 깨달음

변화를 받아들이는 연습

손에 쥔 것을 놓아야 다른 것을 잡을 수 있습니다. 화엄경의 문구도 이를 잘 나타내고 있습니다.

수목등도화(樹木等到花) 사재능결과(謝才能結果)
강수류도사(江水流到舍) 강재능입해(江才能入海)

나무는 꽃을 버려야 열매를 맺고
강물은 강을 버려야 바다에 이른다

 부단히 변화를 받아들이려 노력할 때 더 큰 성과를 얻을 수 있다고 이해됩니다.

 꽃에 집착하면서 큰 열매가 영글어 가기를 기대하고 있는 건 아닌지, 호숫가에 썩어가면서 바다에 다다르기를 갈망하고 있는 건 아닌지 스스로 살펴야 합니다.

지지(知止),
멈춤의 순간을 아는 것

 자산시장에 광풍이 몰아치고 있습니다. 과잉유동성의 영향으로 부동산가격이 연일 급등하고, 주가지수가 사상 최고치를 기록합니다. 집을 사지 않았거나, 주식투자를 하지 않은 사람들은 상대적으로 소외감이 큽니다.

 자고 일어나니 거지가 되었다며, '벼락거지'라는 신조어가 생겨나고, 지금이라도 당장 투자에 나서지 않으면 '이생망(이번 생은 망했다)'을 벗어나기 어렵다고 하기도 합니다. 저 또한 남들보다 여유로운 삶을 살아가고 싶은 것이 욕심이니 사람들의 발 빠른 행동은 어쩌면 당연합니다.

직장생활을 시작하고 처음 받은 충격은 부(Wealth)에 대해 너무 몰랐다는 것입니다. 급여로 미래를 설계해야 하고, 직장에 따라 급여 수준이 현격히 달라질 수 있다는 것입니다.

직업이나 직장의 서열은 개인의 적성이나 선호가 아닌 사회적 잣대로 매겨집니다. 학교에서는 어떤 직장을 구하는 것이 좋은지, 돈을 어떻게 모아야 하는지, 배우자는 어떤 기준으로 선택해야 하는지, 노동조합은 어떤 역할을 하는지 등 현실에서 부딪히는 다양한 이슈에 대해 아무도 가르쳐주지 않았습니다.

국책은행에서 사회생활을 시작한 친구는 우연히 고객과 친분이 두터워졌는데, 멘토(Mentor) 역할을 해 주어 많은 도움이 되었다고 합니다. 멘토의 얘기를 요약하면 이렇습니다.

'직장생활 초년에 돈을 벌어보겠다고 허둥거리지 마라. 업무에 충실하고 자기역량을 키우는 데 집중하라. 주식이나 부동산에 투자하겠다고 과하게 시간과 노력을 들이지 마라. 종잣돈(Seed Money)이 적어 투자해도 부를 축적하기 어려우니 에너지를 낭비하는 꼴이다. 그 시간과 노력으로 차라리 주변 친구들에게 밥이나 사라'

친구로부터 10여 년 전 들었던 얘기지만, 인상적이라 기억해 두었습니다. 부를 쌓는 경험과 노력의 과정을 소홀히 하라는 것이 아니라, 실력을 쌓고 인간관계를 돈독히 하는 것이 매우 중요하다는 의미입니다. 저 역시 20~30대를 살아가는 분들에게 꼭 해주고 싶은 말입니다.

자기가 걸어가고 있는 영역에서 주변과 충분히 소통하며 실력을 쌓아간다면 부와 성공의 기회는 언제든지 찾아올 것입니다. 40대 중반이 되고 보니 주변에 믿을만한 친구들이 다양한 영역에서 자

리를 잡아가고 있습니다. 크게 부를 일궜거나 만족스러울 만큼 정신적으로 성숙하진 않았지만, 정신적이든 물질적이든 부단히 성장해갈 것이라는 믿음은 있습니다. 물론 기회는 스스로 잘 살려야 합니다.

이젠 부화뇌동(附和雷同)하지 않으며, 과유불급(過猶不及)한 상황을 초래하지도 않습니다. 사마천은 큰 부와 명예를 얻고도 물러남의 순간을 잘 알아 역사에 모범이 된 사례로 장량(張良)을 예로 듭니다.

장량(張良)은 한(漢) 고조(高祖) 유방(劉邦)을 도와 천하를 재통일하고 초기정국을 안정시키는 데 크게 기여한 인물로 평가됩니다. 유방은 천하를 재통일한 다음 군신들과 함께한 자리에서 항우(項羽)가 패한 이유 중 하나로 군대 막사 안에서 계책을 짜내어 천리 밖의 승부를 결정짓는 일에서 장량이 본인보다 더 뛰어났기 때문이라는 것입니다.

물론 장량은 물러남에 있어도 주저하지 않아, 한나라 건국 후 토사구팽(兎死狗烹)이라는 사자성어의 주인공인 한신(韓信)을 비롯한 많은 공신이 죽임을 당할 때도 위기를 면합니다. 섬서성 유패현에는 장량의 묘(張良廟)가 있으며, '지지(知止, 멈출줄 아는 것)'라는 글자를 새긴 바위가 있다 하니, 언젠가 꼭 한번 찾아 가봐야겠다 싶습니다.

자산시장에 광풍이 불고, 참여하지 않으면 도태되지 않을까 하는 불안감이 있습니다. 밀물과 썰물은 무수히 반복되니, 스스로 실력을 쌓고 나아갈 방향과 타이밍을 익힌다면 두려움은 크지 않으리라 생각됩니다.

인생의 방향을
설정하는 일

얼마 전 딸아이는 '아빠 나는 모 대학을 갈 거야, 디자인을 전공하면 좋겠어.'라고 얘기합니다. 저는 '아빠는 어릴 때 뭘 해야 할지 잘 몰랐고, 지금도 어떻게 살아야 할지 잘 모르겠어. 뭔가 하고 싶은 게 있다니 대단한데. 천천히 생각해도 괜찮아.'라고 대답했습니다. 중학생인 아이가 뭔가 하고 싶은 게 있다니 대견스럽습니다.

인생의 방향을 설정하는 일은 참 어렵습니다. 주입식 교육을 받았고, 적성에 맞추기보다 성적에 맞춰 진로를 결정합니다. 어영부영 시간이 흐르고, 직업을 선택해야 하는 상황이 오면 불안감은 더욱 커집니다.

'응답하라 1994' 드라마처럼 1990년대의 대학 생활은 나름 해방감을 만끽할 수 있었고, 취직을 준비하는 것만큼 취미를 갖는 것 또한 중요하게 여겼습니다. 대학축제 기간 중 동아리를 소개하는 곳에 친구와 함께 구경 갔던 기억이 있습니다. 같이 간 친구는 요트부를 선택하고, 저는 산악부에 가입했습니다. 우연한 선택이었지만 산을 오르며 체력을 기를 수 있었고, 팀워크와 리더십을 배울 수 있었습니다. 가끔 글을 쓰는 습관은 산행일지를 쓰던 것이 체화된 것입니다. 산악부 활동을 한 덕분에 평생의 취미를 갖게 된 것이지요.

군 생활을 마치자마자 IMF 경제위기를 겪었습니다. 취업이 어렵거나, 취직한 선배들조차 몇 달을 기다리는 상황이 초래되었습니

다. 사회생활에 어려움을 겪을지 모른다는 불안감이 컸던 시절입니다. 직장을 구하는 것이 어려웠으니, 선택의 여지가 많지 않았습니다. 저 또한 어떤 직업을 선택해야 할지 방황하는 시간을 보냈던 기억이 있습니다.

경제위기를 겪었던 1990년대 말 이후 서점에는 '선비'와 관련된 책이 많이 나왔습니다. 물질 중심주의에 대한 반성이나 경제적 어려움을 극복하기 위한 반작용으로 정신적인 무언가를 찾으려는 시대적 분위기가 '선비정신'을 불러낸 것이라 해석하기도 합니다.

우연히 서점에서 '시대가 선비를 부른다'는 책을 접하게 됩니다.* 각인된 기억을 더듬어보면 '조선왕조 500년의 역사에서 많은 고위관료가 배출되었는데, 소수의 사람만이 존경받는 인물로 알려져 있다. 부와 권력과 명예를 탐하는 사람들이 많았기 때문이다. 모름지기 벼슬하는 사람의 마음속에는 오직 백성만 있어야 하며, 백성을 위해 일한 사람들을 우리는 선비라 부른다. 또 공부하는 사람들은 권력이나 부가 인생의 목표가 되어서는 안 되며, 사회공동체를 어떻게 건강하게 만들 것인가를 고민해야 한다.'라는 내용이었습니다. 스스로 '방향성 없이 자리를 탐하려는 것인가?, 부와 명예를 좇는 삶을 살아가려는 건 아닌가?' 하고 되돌아봤

---

* 정옥자 지음, 『시대가 선비를 부른다』, 효형출판, 1998

던 기억이 있습니다.

 2000년대 들어 IMF 경제위기를 극복하는 과정에서 '권력형 비리'라는 말이 언론에 자주 등장했습니다. '정치 권력과 자본 권력'이 분리되는 현상이 아닌가 생각하기도 했습니다. IMF 경제위기를 겪기 이전에는 권력을 쥐면 뭐든지 할 수 있는 사회였기 때문에, 권력을 좇아가는 사람들이 많았습니다. 이젠 돈과 권력이라는 두 마리 토끼를 모두 잡기는 점점 어려워지는 사회로 변해가고 있고, 변화의 속도가 빠릅니다. 방향을 정하지 않으면 허둥거리다 시간을 허비할지 모릅니다. 저도 그것이 늘 불안합니다.

 삶의 방향성을 어떤 회사, 어떤 자리에 갈 것인가 하는 것보다 '큰 틀에서 사회공동체를 건강하게 만드는데 기여하는 것'으로 규정하고 살아가려 합니다. 사람의 마음이니 좋은 직업, 좋은 자리에서 그럴듯한 일을 하고 싶은 욕심이 없지 않지만, 그런 자리에 가지 않더라도 주변과 더불어 살아갈 용기와 지혜를 길러야 한다고 믿습니다.

 삶은 늘 흔들리는 갈대처럼 불안합니다. 하루에도 수없이 많은 고민과 선택을 합니다. 먼바다를 항해하는 사람들은 하늘에 떠 있는 북극성을 보고 방향을 설정한다고 합니다. 마음속 깊이 살아가고자 하는 삶의 방향성이 있다면 취업, 승진, 이동 등 다양한 변수에도 흔들리지 않고 나아갈 수 있으리라 봅니다.

스티브 잡스(Steve Jobs)는 이러한 삶을 Stay hungry, Stay Foolish(열정과 갈망을 갖고, 우직하게 나아가라)라고 말했습니다.

책은 먼 곳에서 찾아온 벗입니다

어린시절엔 책읽기에 소홀했었는데, 어느 순간부터 책을 읽는 것이 하나의 즐거움이 되었습니다. 책을 읽는, 독서를 해야만 하는 이유에 대해 신영복 교수는 다음과 같이 정리했습니다.*

* 신영복 지음, 『담론』, 돌베개, 2015

책은 먼 곳에서 찾아온 벗입니다. 독서는 모름지기 자신을 열고, 자신을 확장하고, 자신을 뛰어넘는 비약이어야 합니다.

독서는 궁극적으로는 자기를 읽고, 자기가 대면하고 있는 세계를 읽는 것입니다. 그리고 그 세계와 맺고 있는 사회적 역사적 관련성을 성찰하는 것이어야 합니다.

독서도 인생과 크게 다르지 않습니다. 그것이 어떤 책이든 상관없습니다. 고뇌와 성찰의 작은 공간인 한 언젠가는 빛나는 각성으로 꽃피게 마련입니다. 언약은 강물처럼 흐르고 만남은 꽃처럼 피어난 것입니다.

독서는 만남입니다. 성문 바깥의 만남입니다. 자신의 문을 열고 바깥으로 나서는 자신의 확장이면서 동시에 세계의 확장입니다. 그리고 그것이 만남인 한 반드시 수많은 사람의 확장으로 이어지게 마련입니다.

마치 바다를 향해 달리는 잠들지 않는 시내와 같습니다. 한 사람 한 사람의 각성이 모이고 모여 어느덧 사회적 각성으로 비약하기도 할 것입니다.

삶의 정도 (生의 正道)

일제 강점기에 태어나 6.25 전쟁과 보릿고개를 겪으며 가난을 극복해야겠다는 꿈을 품은 한 청년이 있었습니다. 어린 시절 집안 어른께서 밥을 한 숟가락 덜어두었다 식사를 하지 못하는 사람들과 나눠 먹는 '십시일반(十匙一飯)'의 모습을 보게 됩니다. 가난한 삶을 경험한 탓에, '주변의 먹고사는 문제를 해결하면 좋겠다'라고 생각한 것이 인생의 목표가 된 것입니다.

그렇게 제2차 세계대전의 패전국 서독이 경제 대국으로 부상하는 것을 접하고는 우리나라의 발전 모델로 삼아야 한다며 독일로 유학을 가기로 마음먹습니다. 매일 저녁노을이 잘 보이는 언덕에 올라 서쪽 하늘을 보며 하이델베르크(Heidelberg) 대학을 상상했으며, 자신의 호를 '저녁노을을 비추는 언덕'이라는 뜻의 조서현(照西峴)이라 짓습니다.

독일 국민이 '라인강의 기적'을 일으킨 힘의 원천을 탐구하기 위해 독어독문과에 진학한 조서현은 독일어 미텔바(mittelbar)에서 실마리를 찾습니다. 미텔(mittel)은 간접적이란 뜻으로 한국어로는 수단매체로 번역합니다. 인간이 한계를 극복하기 위해 돌, 청동, 철 등의 도구를 개발하기 시작하면서 도구의 수준이 처음에는 물질적 물질적 차원이었지만, 지식과 지혜의 영역인 정신적 차원은 물론 신뢰성과 같은 사회적 차원으로 발전하면서 '도구'보다 '수단매체'로 표현하는 것이 적합하다는 것입니다.

인간이 목적함수를 달성하려면, 수단매체의 고도화에 의해 자신의 한계를 확장할 수밖에 없으며, 수단매체의 고도화는 ① 별을 동경하는 불나방의 열정, ② 내일을 위해 허리띠를 동여매는 인내와 기다림, ③ 과학과 기술의 개발 등을 통해 가능하다는 것입니다. 조서현의 '가난을 극복하겠다'라는 삶의 목표도 수단매체의 고도화를 통해 풀어가야 한다고 믿게 되면서 전공을 물리학으로 변경합니다. 때마침 1960년대 미국과 소련이 냉전 체제로 대치하면서 고도

의 군사 무기를 개발하기 위해 물리학과에 막대한 연구비를 쏟아 붓던 시절이라, 미국의 일류대학에 전액 장학금을 받고 갈 기회가 주어졌다는 것입니다.

 라인강의 기적을 배우기 위해 독어독문학과에 입학했고, 한국의 과학과 기술을 발전시키기 위해 물리학을 공부했던 조서현은 자유 경쟁 사회에서는 성실하게 노력하는 사람도 자기보다 유능한 사람이 나타나면 패자가 되어 도태되는 부조리가 발생한다는 것을 깨닫게 됩니다. 실존주의 작가 카뮈(Albert Camu)에 따르면 '부조리란 인생에서 의미를 찾으며 성실하게 살려고 노력하는 인간을 좌절시키는 세계의 비합리성'이라는 것입니다.

인간의 욕망이 이익 최대화 목적함수로 나타나면 결과적으로 그림자 코스트가 발생하고, 고용이 감소하는 사회적 부조리가 발생한다는 것이지요. 이에 고용 기회의 축소라는 사회악을 만들어내는 이익 최대화 목적함수를 대체할 새로운 패러다임을 찾기 위해 고민하게 됩니다. 이 일은 기업의 의사결정과 경영철학의 영역에 속하므로, 조서현은 경영학을 공부하지 않을 수 없다는 결론을 내립니다. 자신의 직장이나 소득을 얻기 위한 욕망이 아니라, 풀어야 할 문제의 해결을 지향하는 한국형 돈키호테가 됩니다.

위 이야기는 서울대 경영학과 교수를 지낸 윤석철 교수의 '삶의 정도' 책의 내용입니다. 어린 시절 간직한 꿈을 평생 실천하며 살아온 한 인간의 삶은 감동적입니다. 윤석철 교수가 평생 쌓은 지식과 지혜를 감히 몇 문장의 글로 옮기기는 어렵습니다. 기회가 되신다면 꼭 한번 읽어보길 추천합니다.

차가 낡아 바꿔야겠다고 생각하고 있었는데, 어떤 차를 사야 할지 방황을 했습니다. '차를 바꾸겠다'라는 목표 이외에 달리 고민해 보지 않았으니 주변에서 '어떤 차가 좋다'고 얘기를 들을 때마다 고민하는 자신을 보면서, 문득 '목적이 없으니 허둥거리고 있구나' 싶었습니다. 하물며 삶은 더욱 그럴 것입니다. 꿈꾸는 삶을 살아가고 있는지, 큰 그림에서 벗어나는 건 아닌지 늘 고민입니다. 윤석철 교수의 삶의 정도 내용 중 인상적인 문구를 짧게 인용해 봅니다.*

인간은 시간 속을 살아가는 존재로서, 어제 뿌린 씨앗의 수확으로 오늘을 살아야 하고, 내일의 결실을 위해 오늘 사과나무 한 그루를 심어야 한다. 그러면 미래를 위한 준비와 설계의 실천적 방법론은 무엇인가? 그것은 내일을 위한 '목적함수'를 정립한 뒤, 이를 달성하기 위해 필요한 '수단매체'를 준비하고 축적하는 일(작업)일 것이다. 이것이 인간 삶의 숙명인 동시에 정도(正道)일 것이다. 목적함수를 정립한 후 수단매체를 축적하는 방법론을 '우회축적'이라 한다.

먼 후일의 원대한 목표를 위해 오늘의 무엇을 희생하는 전략은 조직 구성원들의 반발을 살 수도 있다. 따라서 우회축적은 그에 대한 확고한 신념과 의지를 가진 리더십을 필요로 한다. 자연도 인간도 모두 시간의 흐름 속에 있고, 시간의 흐름 속에는 앞(오늘)과 뒤(미래)가 있다. 미래를 위해서 오늘

---
* 윤석철 지음, 『삶의 정도』, 위즈덤하우스, 2011

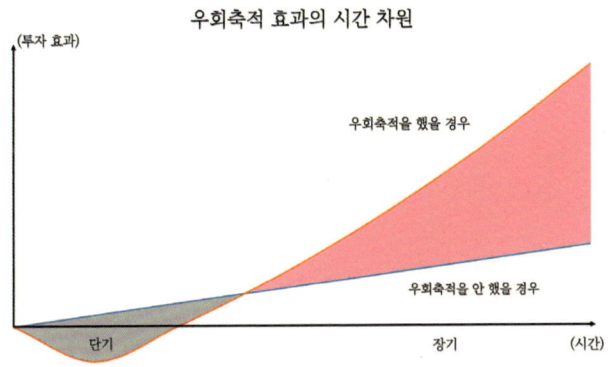

무엇을 희생하지 않는 삶에는 미래의 발전이란 있을 수 없다.

목적함수는 외부로부터 쉽게 주어지는 것이 아니고, 자기가 스스로 정립해야 한다. 의미 있는 목적함수는 부단한 자기수양과 미래 성찰을 통해 축적된 교양과 가치관의 결정이다. 목적함수가 정립되었다면 이를 달성하기 위해 필요한 수단매체는 우회축적의 방법으로 형성 및 축적해야 한다. 이것이 삶의 정도이다.

The Oak

'문학에서 경영을 배우다'라는 책에서 윤석철 교수는 알프레드 테니슨(Alfred Lord Tennyson)의 시 The Oak를 통해 어떤 삶을 살아야 하는지를 서술해 두었습니다.* 여름의 풍성한 옷, 즉 부와 명예와 권력은 가을이 되면 색이 바래고, 겨울이 되면 모두 떨어져 앙상한 가지만 남게 된다는 것입니다. 그것이 오롯이 진정한 자신의 모습이라는 것이지요. 이를 적나라한 힘(naked strength)이라 표현합니다.

---

* 윤석철 지음, 『문학에서 경영을 배우다』, 서울대학교출판문화원, 2011

The Oak	참나무
Live thy life	스스로 일생을 살라
Young and old!	젊은이든 늙은이든
Live yon oak,	저 참나무같이
Bright in spring	봄엔 찬란히
Living gold.	금빛으로 빛나
Summer-rich,	여름엔 풍성하고
Then, and then	그리고, 그다음엔
Autumn-changed,	가을이 오면
Soberer-hued	취기에서 깨어나
gold again	황금빛으로 다시
All his leaves	모든 잎이
Fall'n at length	마침내 떨어져
Look, he stands,	보라, 우뚝 솟은 나무
Trunk and bough,	기둥과 가지만 남은
Naked strength.	적나라한 힘을

당구공과 미래예측

 우리는 매 순간 선택을 합니다. 시계 알람 소리에 '일어날까 아니면 잠을 더 잘까'를 결정하는 것에서부터 점심 메뉴로 어떤 음식을 먹을지, 주말엔 쉬거나 여행을 할지 등 모든 것이 선택의 순간입니다.

 개인이든 조직이든 현재의 위치는 누적된 선택의 결과입니다. 어떤 직업을 갖고, 어떤 배우자와 몇 명의 자식을 두고 살아가고 있는지, 건강상태는 어떤지 등은 모두 선택의 결과물입니다. 물론 선택에는 운이 크게 작용하기도 하며, 만족스럽거나 좋은 결과로 이어지지 않을 수도 있습니다. 삼성전자가 일류기업이 된 것은 반도체 시장에 뛰어들어 수없이 많은 경쟁과 혁신의 과정을 극복했기 때문이며, 현대자동차도 수많은 도전을 극복하는 선택의 결과로 오늘에 이른 것입니다. 동남아 혹은 중남미의 몇몇 국가가 포퓰리즘(Populism)에 빠지거나 부정부패로 선진국의 문턱을 넘지 못하고 후진국으로 전락한 사례도 어쩌면 그릇된 선택의 결과물일 것입니다.

학창시절 지도교수님께 진로상담을 했던 기억이 있습니다. 교수님은 자신의 젊은 시절을 예로 들며, '불안한 마음은 당연하며, 아무것도 결정되지 않았다는 것은 뭐든지 할 수 있다는 것이다.'라고 얘기해 주셨습니다. 또 선택에 있어 중점을 두어야 할 두 가지를 얘기해 주십니다.

첫 번째는 당구공 이론입니다. 당구경기를 할 때 여러 개의 공 중 하나를 맞추면 그 공이 다른 공을 때립니다. 당구에서도 핵심을 쳐야 연쇄반응이 제대로 일어나는 것처럼 선택의 갈림길에서 우선순위를 정해 의사결정을 해야 한다는 것입니다. 둘째는 미래를 예측하는 연습입니다. 스스로 미래를 결정하는 변수를 선정하고, 변수들의 변화와 미래를 예측합니다. 시간이 흐른 뒤 예측한 미래가 도래하면 변수들을 제대로 설정한 것이며, 그렇지 않다면 몇 가지 변

수를 수정해야 합니다. 이를 몇 차례 반복하다 보면 나이가 들어서는 크게 오차 없이 예측할 수 있게 된다는 것이었습니다.

당신의 가르침 이후 저는 어떤 선택을 해야 할지 확신이 들지 않을 때, 미래나 결과를 예상해 봅니다. 변수들을 고려하고, 지켜야 할 원칙과 거쳐야 할 프로세스를 차근차근 떠올리다 보면 나름의 해답을 찾을 수 있습니다. 이슈가 생길 때마다 이런 과정을 반복해 오고 있으며, 스스로 자신감도 많이 생긴 듯합니다. 예를 들면 향후 부동산의 미래를 예측하는 것입니다. 부동산가격을 결정하는 변수로 수요와 공급, 인구구조, 정책변수, 금리, 글로벌 상황 등을 생각해 볼 수 있습니다.

변수들을 구체적으로 살펴보면 첫째, 수요는 투기수요와 실수요 모두 늘어났습니다. 그동안 정부는 주택공급 확대에 적극적이지 않았던 측면이 있습니다.

둘째, 낮은 금리 수준은 부동산가격을 상승시키는 요인으로 작용합니다. 저금리 기조가 장기간 이어지면서 대체투자를 찾지 못한 자금들이 부동산시장으로 흘러들어 오면서 가격을 급등시켰습니다. 예금이자로 생활하던 60대가 부동산 투자에 뛰어들었으며, 베이비붐 세대의 퇴직금도 부동산시장으로 유입되었습니다. 또 최근에는 20~30대의 영끌족(영혼까지 끌어 모은다는 뜻)과 빚투족(빚으로 투자한다는 뜻) 또한 부동산시장에 뛰어들었습니다. 예상하지 못했던 변수입니다.

셋째, 정책변수로 정부는 부동산가격을 안정시키려 노력합니다. 보유세와 거래세를 높이는 등 다양한 정책수단을 활용합니다.

넷째, 인구구조 변수로 고령화 속도입니다. 2000년 7%에 불과하던 65세 이상 고령 인구 비중이 2017년 14%, 2026년 20%의 초고령사회에 진입합니다. 고령 인구가 늘어나면 성장률이 저하되고,

경제가 위축됩니다. 부동산시장도 활기를 잃을 가능성이 큽니다.

다섯째, 자영업자의 위축 가능성입니다. 우리나라는 경제활동인구 중 자영업 비중은 25% 수준으로 일본(10.4%), 미국(6.3%) 등에 비해 월등히 높으며, 우리보다 높은 나라는 그리스(34%), 브라질(33%), 터키(33%), 멕시코(31%), 칠레(27%) 정도에 불과합니다. 향후 선진국 수준으로 자영업자 비중이 축소되겠지만, 코로나 사태가 자영업자의 비중축소를 급속도로 앞당길 우려가 있습니다. 자영업자의 위축은 부동산시장에 부정적으로 작용할 수 있습니다.

부동산 투자 열기가 생각보다 뜨거웠고, 금리도 예상보다 낮은 수준에 머물면서 지난 몇 년간 부동산시장은 개인적인 예상과는 달리 움직였습니다. 변수를 추가하거나 제외하면서 다시 5년 이후의 미래를 예측해야 합니다. 미래는 위험과 불확실성이 있습니다. 당구공 이론처럼 핵심을 파악하는 연습과 미래를 예측하는 습관을 익혀둔다면 선택에 대한 믿음이 쌓이면서 꾸준히 성장해 나갈 것이라 믿습니다. 변수의 영향력, 우선순위도 매우 중요합니다.

사람을 사귀는 일

 학창시절 김광석의 '서른 즈음에'라는 노래를 자주 듣곤 했습니다.* 김광석은 이 노래를 부르기에 앞서 배경설명을 잠시 합니다. 요약하면 이렇습니다.

 '10대는 거울처럼 지냅니다. 친구들, 부모님, 선생님 등에 자신을 비춰보거나 흉내 내기도 합니다. 20대는 유리처럼 지냅니다. 좌충우돌하기도 하고, 자신감은 있어서 일을 벌이지만 마무리하기가 어렵습니다. 외부에서 자극이 오면 튕겨 버리거나 스스로 깨지거나 하면서 인정할 건 인정하고, 포기할 건 포기합니다. 그러다 보면 서른이 됩니다.'

 편안한 리듬과 감성을 자극하는 노랫말이 좋아 자주 듣곤 했는

---

* 김광석 지음, 『인생이야기』, 위드삼삼, 1996

데, 지나고 보니 서른 즈음에의 가사처럼 '좌충우돌하면서 인정할 건 인정하고, 포기할 건 포기하는 게 삶이 아닌가?' 싶습니다. 뭐든지 다 할 수 있을 것 같은 20대가 지나면, 하고 싶은 것과 할 수 있는 것이 어느 정도 가려지기도 합니다.

또 어쩌면 인생은 늘 갈등의 연속입니다. 학창시절엔 듣고 싶은 과목을 선택해 듣고, 사귀고 싶은 친구를 만납니다. 내가 선택한 일을 하면서도 어려움이 생기고 관계가 멀어지기도 합니다. 사회생활을 하면 이런 상황은 더욱 빈번해집니다. 능력 밖의 일을 감당해야 하는 상황에 놓이거나 의견대립과 거짓 음해(陰害)에 시달리기도 합니다.

개인적인 사례를 예로 들면, 2016년 성과연봉제 이슈가 한창이었습니다. 정부는 공공기관에 전면적으로 성과연봉제를 도입하겠다고 선언했습니다. 공공기관의 내부경영이 효율적이지 못하고, 방만하게 운영되고 있으니 이를 개선하는 방법으로 '성과연봉제'를 도입해야 한다는 것이었습니다. 이에 대해 많은 분들은 '공공기관의 설립목적이 공익을 위한 것이며, 성과를 측정하기 어려운 일들이 대부분이라는 점' 등으로 성과연봉제 도입에 반대했습니다. 갈

등 국면이 초래된 것입니다.

 노동조합 위원장으로 직원들의 의견을 대변해 성과연봉제 도입을 반대하다 보니 몇몇 사람들로부터 부정적인 얘기를 듣기도 했고, 또 친하다고 생각했던 사람들이 멀어지기도 했습니다. 인간관계에 대해 많은 고민을 하면서, 몇 가지 기준을 세웠습니다.

 우선, 다름을 인정하는 것입니다. 사람들 모두 각자 생각이 있으니, 의견이 다른 것은 당연하다 받아들이는 것입니다. 둘째, 모두가 자신을 좋아해 줄 것이라는 생각을 하지 않습니다. 스스로 이유 없이 가까이 지내고 싶은 친구가 있다거나 거리를 두고 싶은 친구가 있는 것처럼 상대방도 나에 대해 좋은 감정을 갖거나 갖지 않을 수 있다는 것입니다. 셋째, 친하다고 생각했던 사람이 멀어지면 아쉬움이 큽니다. 이 경우 법정 스님의 '진실 없는 사람에게 진실을 쏟아부은 대가로 받는 벌'이라는 글이 많은 위안이 되었습니다. 법정 스님의 '함부로 인연을 맺지 마라'라는 글을 인용해 봅니다.*

진정한 인연과 스쳐가는 인연은 구분해서 인연을 맺어야 한다. 진정한 인연이라면 최선을 다해서 좋은 인연을 맺도록 노력하고 스쳐가는 인연이라면 무심코 지나쳐버려야 한다.

그것을 구분하지 못하고 만나는 모든 사람들과 헤프게 인연을 맺어놓으면 쓸만한 인연을 만나지 못하는 대신에 어설픈 인연만 만나게 되어 그들에 의해 삶이 침해되는 고통을 받아야 한다.

인연을 맺음에 너무 해퍼서는 안된다. 옷깃을 한번 스친 사람들까지 인연을 맺으려고 하는 것은 불필요한 소모적인 일이다.

수많은 사람들과 접촉하고 살아가고 있는 우리지만, 인간적인 필요에서 접촉하며 살아가는 사람들은 주위에 몇몇 사람들에 불과하고, 그들만이라도

---

* 법정스님 지음, 『무소유』, 범우사, 1998

진실한 인연을 맺어 놓으면 좋은 삶을 마련하는 데는 부족함이 없다.

진실은 진실된 사람에게만 투자해야 한다. 그래야 그것이 좋은 일로 결실을 맺는다. 아무에게나 진실을 투자하는 건 위험한 일이다. 그것은 상대방에게 내가 쥔 화투패를 일방적으로 보여주는 것과 다름없는 어리석음이다.

우리는 인연을 맺음으로써 도움을 받기도 하지만 그에 못지 않게 피해도 많이 당하는데, 대부분 피해는 진실 없는 사람에게 진실을 쏟아부은 대가로 받는 벌이다.

인간의 행복은 20대 이후 점차 낮아지다 40대 후반을 저점으로 상향하는 U자형 커브를 그린다고 합니다. 나이가 들면서 주변과 불필요한 관계를 정리하고, 좋은 인간관계를 쌓는 방법을 터득해 깊은 우정을 나누기 때문이라는 것입니다. 어쩌면 인생의 대부분을 차지하는 것은 사람과의 관계입니다. 좋은 사람들과 더불어 행복한 삶을 살아가면 좋겠습니다.

용기를 낸다는 것

 2015년 여름, 한국은행 노동조합은 새로운 집행부를 꾸리지 못하고 몇 달간 공백 상태에 머물렀습니다. 주변의 권유와 노동조합 집행부를 꾸려야겠다는 책임감 등이 교차하면서 위원장 출마를 망설였던 기억이 있습니다. 위원장 출마를 고민할 당시 며칠 동안 밤잠을 설쳤습니다. 사람들의 이목이 집중하면 칭찬을 받기보다 비난받을 가능성이 크니, 이를 감당할 수 있을까 걱정되었기 때문입니다.

 당시 머릿속에 떠오른 글귀가 '용기'입니다. 고향 집 거실 벽에 걸려있던 호랑이 그림에 쓰여있던 문구입니다. 어린 시절 외우곤 했던 '용기'에 대한 문구가 30여년 만에 뇌리를 스치고 지나갔고, 이에 자신감이 생기면서 출마를 결심하게 됩니다.

용기(勇氣)

희망이 달아날지라도 용기마저 놓쳐서는 안된다
용기야말로 인간이 가진 특성 중
행복에 도달하는 데 꼭 필요한 것이다

   노동조합 위원장을 맡아 조합원들의 입장을 대변해야 하는 것은 쉽지 않은 일입니다. 사용자측은 직원들이 원하지 않는 성과연봉제 도입을 강요했고, 근로복지기금을 삭감해놓고 일방적으로 이를 받아들이라고 요구하기도 했습니다. 조합원들의 의견을 대변하겠다고 마음먹고, 원칙을 지킬 수 있게 한 것 또한 '용기'라는 단어였습니다. 소신껏 맡은 역할에 충실하며 대의를 따르려 하지만, 비난의 목소리가 있습니다. 이를 극복하는 것 또한 용기라 믿어 의심치 않습니다.

   지나고 보니 세상 변화가 빠릅니다. 스스로 입장을 견지하는 용기도 있어야 하지만, 변화에 빠르게 적응하고 실천하는 용기도 필요

합니다. 변화의 속도가 빠른 오늘날은 매일매일 새롭게 적응하지 않으면 도태됩니다. 변화에 빠르게 적응하기 위해서는 이를 읽어내는 전문성이 선행되어야 합니다. 변화에 대한 정확한 판단과 빠른 실행력을 갖추어야 합니다. 환경에 적응하는 생명체만 살아남게 된다는 '적자생존(適者生存)'을 오늘날에도 그대로 적용할 수 있지 않나 싶습니다. 자기가 몸담은 영역에서 전문성을 갖추고, 변화를 읽어내는 연습이 필요하며, 이를 통해 빠르게 적응하기를 실천해야 합니다.

사마천의 사기(史記)에는 결단과 행동의 중요성을 전쟁의 신으로 추앙받는 한신(韓信)의 사례를 통해 잘 지적합니다. 김영수 작가가 저술한 '사마천 인간의 길을 묻다' 책의 문구를 인용해 봅니다.*

항우(項羽)의 초(楚)나라와 유방(劉邦)의 한(漢)나라가 교착상태에 빠졌을 때 항우는 무섭(武涉)이란 자를 한신에게 보내 자립하라고 권유한다. 제(齊)나라 사람인 책사 괴통(蒯通)도 한신을 찾아가 자립하여 왕이 되라고 설득한다. 괴통의 건의는 훗날 제갈량의 전매특허처럼 인식되어온 '천하삼분대계(天下三分大計)'의 오리지널 버전인 셈이다. 괴통이 한신을 찾아가 설득하기 시작했다.

지혜는 판단을 과감하게 내리게 하고, 의심은 행동을 방해합니다. 터럭처럼 사소한 계획을 꼼꼼히 따지고 있으면 천하의 큰 운수는 새카맣게 잊어버립니다. 지혜로 그것을 알고 있으면서 결단을 내려 행동으로 옮기지 못하면 모든 일의 화근이 됩니다. 그래서 이런 말이 생겨난 것입니다. 호랑이가 머뭇거리는 것은 벌이 침으로 쏘는 것만 못하고, 준마가 갈까 말까 망설이는 것은 늙은 말의 느릿한 한 걸음만 못합니다. 맹분과 같이 용감한 자라도 혼자 의심만 하고 있으면 평범한 필부의 하고야 마는 행동만 못한 것입니다. 그러니 순임금이나 우임금과 같은 지혜가 있다 한들 입안에서 웅얼거리기만

---

* 김영수 지음, 『사마천 인간의 길을 묻다』, 위즈덤하우스, 2016

하고 내뱉지 못한다면 벙어리와 귀머거리가 지휘하는 것만 못합니다. 대저 공로란 이루기는 어렵지만 실패하기는 쉽습니다. 좋은 때를 만나는 경우는 두 번 연거푸 오지 않는 법입니다.

한신은 항우나 유방에 버금가는 실력을 갖추고 있었으나, 기회를 놓침으로써 '토사구팽(兎死狗烹)'의 일화로 역사에 남겨지게 됩니다. 살면서 누구에게나 여러 번의 기회가 찾아오겠지만, 천재일우(千載一遇)의 큰 기회는 좀처럼 오지 않습니다. 충분한 실력과 판단력, 이를 실천에 옮기는 용기를 갖춰야 합니다. 또 사람들의 이런저런 뒷담화도 덤덤히 받아들이는 용기가 필요합니다. 저는 주변에 흔들리지 않으며 큰 그림을 볼 줄 아는 능력을 빗댄 표현으로 '관해난수(觀海難水, 바다를 본 사람은 물을 말하기 어려워한다)'라는 말을 좋아합니다. 다양한 경험을 통해 내공이 쌓이면 사소한 것들에 대해 초연할 수 있지 않을까 합니다.

행동하는 양심

 몇 해 전 1980년 5.18 광주민주화운동을 소재로 한 영화 '택시운전사'가 상영되면서, 광주민주화운동이 재조명받았습니다. 군사독재정권 수립에 반대하는 광주시민들을 무력으로 진압하는 모습을 택시운전사인 김사복 씨와 독일 외신기자인 위르겐 힌츠페터(Jürgen Hinzpeter) 씨가 목숨을 걸고 공론화한 내용입니다. 이로 인해 불의에 항거한 광주시민의 숭고한 희생정신이 외부에 알려지게 된 것입니다. 김대중 대통령은 이를 '행동하는 양심'이라는 표현으로 설명합니다.*

 '행동하는 양심이 됩시다. 행동하지 않는 양심은 악의 편입니다. 의로운 분들이 힘들게 싸워 지켜온 민주주의, 자유로운 나라가 되기를 원한다면 모두

---

* 김대중 전 대통령, 6.15남북공동선언 9주년 기념행사 연설 중, 2009

양심을 지킵시다.'

'침묵의 대가'로 알려진 마르틴 니뮐러(Martin Niemöller)의 '그들이 처음 왔을 때(First they come)' 라는 시도 행동하지 않는 양심의 결과를 잘 설명하고 있습니다.

그들이 처음 왔을 때(First they come)

나치가 처음 공산당원을 잡아갔을 때
나는 공산당원이 아니었기에 침묵했다.
그들이 사회민주주의자를 잡아갔을 때

나는 사회민주주의자가 아니었기에 침묵했다.

그들이 노동조합원을 잡아갔을 때

나는 노동조합원이 아니었기에 침묵했다.

그들이 유대인을 잡아갔을 때

나는 유대인이 아니었기에 침묵했다.

그들이 나를 잡으러 왔을 때,

나를 위해 저항해 줄 사람은 아무도 남지 않았다.

신영복 교수는 이론과 실천이라는 두 축이 균형을 맞춰야 제대로 설 수 있다는 사실을 표현하기 위해, '지성인의 실천하는 삶'을 '입장의 동일함'이라 언급합니다.*

머리 좋은 것이 가슴 좋은 것만 못하고

가슴 좋은 것이 손 좋은 것만 못하고

손 좋은 것이 발 좋은 것만 못하다.

관찰보다는 애정이, 애정보다는 실천이

실천보다는 입장이 더욱 중요하다

입장의 동일함, 그것은 관계의 최고 형태이다.

---

* 신영복 지음, 『처음처럼』, 랜덤하우스코리아, 2007

머리가 좋아서 상황판단이 빠른 것보다 상대방을 이해하는 것이 더 중요한 것이고, 동정심을 갖고 이해하는 것보다 글이라도 써서 동참하는 것이 지성인의 자세이고, 공동체의 가치를 지키기 위해 실천하는 삶, 곁을 지키는 삶이 관계의 최고 형태라는 것입니다.

어려움을 이겨내는 법, 성장한다고 믿는다

 살면서 우리는 늘 어려움에 직면합니다. 10대엔 시험 성적이 좋지 않아 힘들어했으며, 20대엔 진로를 고민했던 기억이 있습니다. 30대엔 직장생활 혹은 부부관계의 어려움, 원하는 만큼의 경제적 부를 축적하지 못하는 것에 대한 불만 등이 있었습니다. 지금도 여전히 주변과의 관계에 이런저런 어려움이 있으며, 경제적으로도 늘 부족함을 느낍니다.

 30대를 지나오면서 직장생활이나 가족관계 등 당면한 문제를 어떻게 극복할지 고민했던 기억이 있습니다. 강의를 듣거나 자기계발 관련 도서를 읽기도 했으며, 주변 분들에게 조언을 구하기도 했습니다. 여러 책이 많은 도움이 되었지만, 주도성, 긍정성, 실행력, 목표설정 등의 중요성을 강조한 브라이언 트레이시(Bryan Tracy)의 강의가 인상적이었습니다. 특히 목표를 '건강(Health goal), 금전(Financial goal), 관계(Family or Relationship goal)'로 분류해, '구체적으로 적고(Write it down), 실행하라(Action oriented)'라는 것은 많은 도움이 되었습니다. 브라이언 트레이시의 조언처럼 새해가 되면 목표를 세우고, 꾸준히 실천하려 합니다. 목표를 달성하진 못하지만, 계획을 세우는 습관이 체화되면서 부단히 성장해 나가고 있다는 믿음은 있습니다. 목표가 있으면 과정상 어려움은 극복하기 위한 대상에 불과합니다.

우선 육체적 건강을 지키기 위해 매일 나름대로 세워둔 운동을 실천에 옮깁니다. 많은 시간을 할애하지 않으면서 틈틈이 앉았다 일어나기, 옆구리 운동, 가슴운동 등을 병행합니다. 정신건강 혹은 지식을 쌓기 위한 노력으로 조금 일찍 출근해 책을 읽거나 글쓰기를 습관화했습니다.

금전적 부를 축적하는 것은 사업을 하지 않는다면, 단기간에 이루긴 어렵습니다. 경제 흐름을 놓치지 않는 것도 중요하지만 좋은 인연을 쌓아 함께 성장해가는 것 또한 중요합니다. 40대 중반이 되고

보니, 주변 친구들이 각자의 자리에서 핵심업무를 담당하고 있어 정보력이 대단합니다. 좋은 인연들과 더불어 경제적 부를 축적하고, 우정을 깊게 쌓아갈 것이라는 믿음이 있습니다.

혼자 살아가는 세상이 아니니, 몸과 마음의 건강을 유지하고 경제적 부를 축적하기 위해서는 개인적인 역량을 키워나가는 것만큼 인간관계를 잘 맺는 것 또한 중요하다 싶습니다. 나이가 들수록 인간관계로 인해 이런저런 어려움이 생깁니다. 본의 아니게 주변으로부터 비난을 받기도 하고, 이해관계가 복잡하게 얽혀 마음에 상처를 받기도 합니다. 이러한 스트레스 상황을 '성찰과 성장의 기회'로 받아들이려 합니다. 훗날 더 큰 어려움이 닥쳤을 때 감당해 낼 수 있는 실력을 키우는 기회가 주어진 것이라 믿습니다. 이를 잘 설명한 것이 맹자의 고자장(告子章)입니다.

맹자(孟子)의 고자장(告子章)

천장강대임어사인야(天將降大任於斯人也)
필선노기심지 고기근골 아기체부(必先勞其心志 苦其筋骨 餓其體膚)
궁핍기신행 불란기소위(窮乏其身行 拂亂其所爲)
시고동심인성 증익기소불능(是故動心忍性 增益其所不能)

하늘이 장차 그 사람에게 큰일을 맡기려 할 때는
먼저 마음과 뜻을 괴롭히고 근육과 뼈를 깎는 고난을 겪게 하며 몸을 굶주리게 하고
생활은 궁핍하게 해 하는 일마다 어지럽게 한다.
이는 마음의 참을성을 길러 능히 못 할 일이 없도록 하기 위함이다.

　돌이켜보면 어려움은 늘 있지만, 현실에 안주한 결과로 초래한 것

인지, 아니면 스스로 변화를 시도하는 과정에 부딪히는 어려움인지에 따라 그 차이가 큽니다. 현실에 안주해 마주한 어려움이라면 이를 극복하는 것은 단기적인 처방에 불과할지 모릅니다. 하지만 능동적으로 목표를 추구하는 과정에서 발생한 어려움이라면 이를 극복하는 것은 분명 성장의 과정임엔 분명합니다. 미국 카네기멜론대학의 랜디 포시(Randy Pausch) 교수는 '마지막 강의(The last lecture)'에서 '어려움은 우리가 무언가를 간절히 원하는지를 깨닫게 하는 기회이며, 절실한 사람들은 단념하지 않고 역경을 극복해 나간다'라고 합니다.*

최근 읽은 책 '더 해빙(The Having)' 저자의 '스스로 가진 것에 집중하고 만족해야 한다'는 직관 또한 인상적이었습니다.* 결핍에 집중하면 부족한 상태가 강화하는 방향으로 상황이 전개되며, 가진 것(Having)에 집중하면 이 또한 강화된다는 것입니다.

누구나 어려움에 직면하기 마련입니다. 문제에 집중하기보다, 이를 해결한 결과나 원하는 미래상 등에 집중하여 이를 추구하면 그 결과 또한 만족스러운 성장으로 이어지리라 믿습니다.

---

* 랜디 포시, 제프리 재슬로 지음, 심은우 역, 『마지막 강의』, 살림출판사, 2008
* 이서윤, 홍주연 지음, 『더 해빙(The Having)』, 수오서재, 2020

성공하려면 성공 경험을 학습하라

오래 전 미국의 성공학 대가로 알려진 브라이언 트레이시(Bryan Tracy)의 책을 읽고, 강의를 들었던 기억이 있습니다. 목표를 설정한다거나, 부단히 노력한다거나, 전문성을 쌓는 등 성공의 여러 조건 중 특히 '주변에 성공한 사람이 있다'라는 것을 강조했던 기억입니다.

주변에 성공한 롤 모델(Role model)을 찾아 모방하면, 빠르게 성공할 수 있다는 것입니다. 하지만 우리 주변에는 성공한 사람들을 찾기 어려운 경우가 많습니다.

돌이켜보면, 저도 학창시절 친구나 친척의 영향을 많이 받았던 기억입니다. 어른이 되어서는 주변 성공한 사람을 모방하려 하거나, 꾸준히 독서를 함으로써 성공 경험을 습득하려 노력합니다.

인간관계의 비밀,
탐나는 사람이 된다는 것

경제학에서는 수요와 공급이 만나는 점에서 가격이 결정되고 거래가 성사된다고 합니다. 어린 시절 갖고 싶은 물건이 있어도 용돈이 부족해 아쉬워했던 기억이 있으며, 지금도 살고 싶은 집이나 갖고 싶은 자동차 등이 있어도 예산제약으로 실행에 옮기기가 쉽지 않습니다.

상품시장에서의 수요와 공급은 노동시장에서도 적용됩니다. 노동을 공급하는 근로자는 수요자(기업 등)의 요구조건을 충족해야 합니다. 또 노동수요가 한정된 경우 소위 스펙(Specification)이라 불리는 다양한 조건을 갖추더라도 노동공급 경쟁은 더욱 치열해집니다. 수요자 측에서 적임자라고 판단하는 누군가는 원하는 일자리를 얻게 되겠지요. 남녀 간의 만남도 이와 같습니다. 학창시절 마음에 드는 이성이 있어 다가가더라도, 상대가 원하지 않으면 좋은 인연으로 맺어지지 않습니다. 상대가 설정해 둔 판단 기준에 부합해야 합니다.

인간관계도 수요와 공급이 만나는 것과 같은 이치입니다. 승진이나, 이직의 경우에도 마찬가지입니다. 상대가 원하는 그 어떤 매력을 갖추고 있어야 합니다. 이와 관련해 가끔 예를 드는 두 가지 일화가 있습니다. 첫 번째는 배를 타고 강을 건너는 일입니다. 혼자서

라도 배를 저어 강을 건널 수 없다면 아무도 내가 모는 배에 함께 하려 하지 않습니다. 스스로 실력과 매력을 갖춰야 합니다. 두 번째는 낚시를 예로 듭니다. 초콜릿을 좋아하는 누군가가 낚시를 할 때는 초콜릿을 미끼로 쓰지 않고, 물고기가 좋아하는 지렁이나 새우를 준비한다는 것입니다. 상대가 원하는 것을 준비해야 합니다.

스스로 자기만의 매력을 갖고, 탐나는 사람이 되는 것도 중요하지만, 성향에 맞는 사람과 잘 어울리는 것도 중요합니다. 모든 사람과 좋은 관계를 맺으며 살아가기는 어렵습니다. 비슷한 부류의 사람, 나와 어울리는 사람과 함께 깊은 우정을 쌓고 살아가면 그만입니다. 이와 관련해 미국 펜실베니아 와튼 스쿨의 애덤 그랜트(Adam Grant) 교수는 그의 저서 'Give and Take'에서 인간을 크게 기버(Giver), 매쳐(Matcher), 테이커(Taker) 등 세 부류로 나누어 설명합니다. 기버는 주변에 잘 베푸는 성향의 사람입니다. 매쳐는 주고받는 거래가 분명합니다. 테이커는 베풀기보다 상대를 이용하려는 성향이 강한 부류입니다.

위 분류의 인간 유형 중 크게 성공한 사람은 대부분 기버이며, 실패한 많은 부류도 기버라고 합니다. 이에 기버의 어떤 요인이 성공과 실패를 가르는지 조사해보니, 성공한 기버는 주변에 테이커나 매쳐가 자신을 이용했다는 생각이 들면 거리를 두어 서서히 멀어지게 합니다. 시간이 흐르면 성공한 기버 주변에는 비슷한 성격의 기버만 남게 되어 서로가 서로에게 도움 줄 일이 있다면 자기 일처럼 아낌없이 베풀게 된다는 것이지요. 반면 실패한 기버는 테이커나 매쳐가 반복적으로 이용하더라도 관계정리를 하지 못해 결국 스스로를 망치게 된다는 것입니다.

 어린 시절 아버지는 동네 지인께 얼마간의 돈을 빌려주고선 받지 못했습니다. 그런데 그 친구가 급하다며 또다시 돈을 빌려달라고 했을 때도 마지못해 돈을 빌려주고는 결국 받지 못했던 기억이 있습니다. 관계정리를 잘 하는 것도 긴 인생을 놓고 보면 매우 중요한 일입니다. 스스로 좋은 사람이 되고, 좋은 사람들과 깊은 인연을 맺어야 하지 않을까 싶습니다.

 주변과 어떻게 좋은 인연을 맺을까에 대한 나름의 해답은 상대를 성장시키는 방향으로 조언을 해 주는 것입니다. 우리는 상대를 비난하거나 헐뜯으려는 경우가 있습니다. 서로에게 상처가 남고 관계는 멀어집니다. 본인은 물론 상대방에게도 좋지 않은 결과입니다.

오래도록 좋은 인연으로 이어지기 위해서는 상대에게 도움이 되어야 합니다. 이와 관련해 최근 읽은 Netflix 대표인 리드 헤이스팅스(Reed Hastings)의 책 '규칙 없음(NO RULES RULES)'에서 인상적인 문장을 보았습니다. 책에서 소개된 몇 가지 아이디어를 공유해 봅니다.*

조언할 경우,

1. AIM TO ASSIST(도움을 주겠다는 생각으로 하라). 불만을 털어놓거나 의도적으로 상처를 주거나 자신의 입지를 유리하게 만들기 위한 피드백은 용납되지 않는다. 구체적인 행동 변화가 상대방 개인이나 회사에 어떻게 도움이 되는지 분명히 설명해야 한다.

2. ACTIONABLE(실질적인 조치를 포함하라). 피드백은 받는 사람의 행동이 변화되는 것에 초점을 맞춰야 한다.

조언을 듣는 경우,

1. APPRECIATE(감사하라). 비판을 받으면 변명부터 하려 드는 것이 인간의 자연스러운 본능이다. 그런 상황에서는 누구나 반사적으로 자존심이나 체면을 지키려고 한다. 열린 마음으로 어떻게 감사한 마음을 표현할 수 있을까 자문하라.

---

* 리드 헤이스팅스, 에린 마이어 지음, 이경남 역, 『규칙없음』, 알에이치코리아, 2020

2. ACCEPT OR DISCARD(받아들이거나 거부하라). 어떤 피드백이든 일단 듣고 봐야 한다. 반드시 따를 필요는 없다. 진심을 담아 고맙다고 말하되, 피드백의 수용 여부는 전적으로 받는 사람에게 달렸다는 사실을 양측 모두 이해해야 한다.

좋은 인간관계를 맺으며 우리 사회에 기여하는 삶을 살아가기 위해서는 부단히 실력을 쌓고, 자기만의 매력을 갖추어야 합니다. 베풀 줄 알고, 비슷한 부류의 사람들과 서로의 성장을 진심으로 도우며 살아간다면 자신은 물론 사회공동체의 미래모습은 밝을 것이라 믿습니다.

겸손

'억만장자 시크릿' 책 내용 중 나빈 자인의 말입니다.*

겸손은 성공의 표식이다.

그러니 자기가 성공했다는 걸 알 수 있는 유일한 방법은 겸손해지는 것이다.

아주 약간이라도 오만한 태도가 남아있다면 당신이 여전히 자기 자신이나 다른 사람에게 뭔가를 증명하려고 한다는 뜻이다.

---

* 라파엘 배지아그 지음, 『억만장자 시크릿』, 토네이도, 2019

어느 기업인의 용인술(容認術)

오래전 읽었던 어느 성공한 기업가의 용인술에 관한 이야기입니다. 회장은 중간관리자(팀장)급 직원을 평가할 경우 부하직원(팀원)의 경조사가 있을 때 서랍에서 얼마의 뭉칫돈을 꺼내 주며, '부하직원의 장례식을 잘 치르도록 하라'는 것입니다. 장례식을 치른 이후 중간관리자의 행태는 크게 두 부류로 나뉜다고 합니다. 장례가 끝나고 한 부류는 회장에게 '덕분에 장례를 잘 치렀다'고 보고하고 마는가 하면, 또 다른 몇몇은 '얼마를 주셔서 장례식에 얼마를 쓰고 얼마가 남았다'라는 등을 자세히 보고한다고 합니다. 시간이 흘러, 고위관리자를 선정해야 할 시기에 회장은 계산이 정확하고, 속임이 없는 사람을 발탁한다고 합니다. 사람을 평가하는 계획된 행동이었다는 것이지요.

또 회장은 어느 정도의 위치에 오른 믿을만한 관리자들을 일부러 한직(閑職)으로 보낸다고 합니다. 이 경우에도 사람들은 대체로 두 가지 반응을 보인다는 것이지요. 한 부류는 '조직을 위해 헌신적으로 일한 자신을 중용하지 않고 한직으로 보냈다'라며 회장을 원망하며 부정적으로 대응한다고 합니다. 또 다른 부류는 리더의 결정에 순응하며 맡은 자리에서 조직을 위해 최선을 다한다는 것입니다. 한직으로 보내진 관리자를 한동안 지켜본 후 '어느 자리에서나 조직을 위해 적극적으로 일하는 직원'을 다시 중책으로 불러들인다고 합니다. 큰일을 맡기기 전에 사람을 평가하는 회장의 계획된 행동이었다는 것입니다.

언젠가 들었던 대한민국의 최고기업을 이끌었던 어느 CEO의 인사원칙은 '바탕이 선한 사람'을 적재적소에 배치한다는 것이었습니다. '바탕이 선한 사람'은 조직 내 학연이나 지연을 따지지 않고, 동료의 험담을 하지 않으며, 자신의 역할을 성실히 수행하는 사람이라는 의미였던 것으로 기억합니다. 나중에 알고 보니, 조선왕조에서 기념비적인 업적을 남긴 세종대왕의 인재술과 유사하더라는 것입니다.

조직은 어떤 사람을 쓰느냐에 따라 흥망성쇠(興亡盛衰)가 결정됩니다. 개인도 어떤 인연을 맺느냐에 따라 많은 것들이 달라집니다. 어린 시절엔 사람을 사귀는 기준이 단순했습니다. 돈거래가 투명하지 못하거나 욕을 함부로 하는 사람은 멀리했습니다. 동전을 빌려가 갚지 않는 친구들이 가끔 있었습니다. 저는 겉으로 표출하진 않았지만, 속으로 '너는 나에게 동전 짜리 밖에 안되는 사람이야'라며 관계의 선을 긋곤 했습니다.

  욕을 함부로 하는 사람도 가까이하지 않았습니다. 아버지는 동네 욕쟁이 아저씨가 아들에게 '개**야'라고 하는 소리를 듣고는, '자식이 개**면 부모는 뭐가 되는 거냐?'며 반문했던 기억이 있습니다. 군 생활을 하면서 저도 입이 좀 거칠어져, 가끔 험한 소리를 내뱉기도 했지만, 그랬던 순간엔 저도 누군가로부터 인심을 잃었을 것이고, 또 누군가는 저를 멀리했겠지요.

  '사소한 돈거래라도 투명해야 하고 신의를 지켜야 하며, 상대에 대한 기본적인 예의가 있는 사람을 귀하게 여겨야 한다'는 나름의 원칙은 지키려 노력하고 있습니다. 이해관계로 맺어지지 않으면서, 오래전부터 만나왔던 사람들은 나이가 들어가면서 신뢰가 두터워지고 서로를 위하는 사이로 발전해 가고 있지 않나 생각해 봅니다. 좋은 인간관계는 순간 활활 타오르다 꺼져버리는 모닥불 같은 것이 아니라, 은근히 빛을 발하며 오랫동안 온기가 유지되는 아궁이 속의 불과 같은 관계가 아닐까 싶습니다.

나이가 들수록 새로운 사람을 깊게 사귀기는 쉽지 않습니다. 저도 그렇지만 상대도 시간이 흐르면서 적당히 상대를 속이며, 자신의 잇속을 챙기는 요령이 생기는 등 충분히 사회생활에 길들어졌기 때문이 아닐까 싶습니다.

'기본적인 예의를 갖추고, 돈거래가 투명하고, 속임이 없는 사람'이라 생각해 관계가 적당히 깊어졌다고 생각할 즈음 상대를 속이려 하고, 사익을 취하려 하는 모습을 보기도 합니다. 편하다는 이유로 수용 가능한 경계선을 벗어나는 행동을 보일 때에는 당황스럽습니다. 금방 친해졌다가 상대의 행동에 실망하고 멀어지기도 합니다. 서로 상처를 주고받기도 합니다. 40대 후반이 된 지금까지도 관계설정에 익숙하지 못한 탓이라 생각하며, 사람과의 관계를 어떻게 맺고 어느 선에서 유지해야 할지를 고민하게 됩니다.

 따지고 보면 사람 간의 만남은 나름의 의도가 있고 이해득실을 고려하기 마련입니다. 저도 어쩌면 누군가로부터 '사람을 이용하려 하거나, 예의를 갖추지 못한다'는 평가를 받고 있을지도 모릅니다. 제각각 자기의 이익을 극대화하려는 행동이니 이해 상충이 되지 않는다면, 법적 테두리를 벗어나지 않는다면, 수용 가능한 수준이라면 너그럽게 넘어가는 것이 서로에게 이롭지 않나 싶을 때가 많습니다. 작은 이익을 취하려는 모습을 알면서도 들추려 하지 않고, 제가 조금 손해를 보더라도 모른 척 넘어가기도 합니다. 어쩌면 어느 선까지 인정하고 포용할 것인지의 문제가 아닐까 싶기도 합니다.

수직적이든 수평적이든, 인간관계를 맺고 살아가기는 늘 어려움이 따릅니다. 상대에게 믿음을 주는 것도, 누군가를 믿고 함께 나아가는 일도 조심스럽습니다. 모두에게 좋은 사람이 되기는 어렵겠지만, 선한 사람들과 좋은 인연을 맺고 서로가 서로에게 선한 영향을 미치며 살아가면 좋겠습니다.

개인과 공동체의 행복,
리더의 역할

'양성적 리더십'을 주제로 김진애 박사의 특강을 들었던 기억이 있습니다. 여성으로 미국 유학길에 올라 발표와 토론 중심의 수업에 적응하기가 무척 힘들었다며, 많은 준비를 했음에도 만족스럽지 못해 잠자리에 들기 전 이불을 덮어쓰고 혼자 울기도 했다는 것입니다.

김진애 박사는 스스로 하루를 돌아보고, 부족한 부분을 극복해 나가는 과정을 '이불-킥(Kick)'이라 표현합니다. 이런 과정을 통해 학위를 잘 마치고 돌아올 수 있었으며, 부단히 성장하는 삶을 살고 있다는 것입니다.

제게 '이불-킥'이라는 표현은 매우 인상적이었습니다. 누구나 만족스럽지 못한 하루를 보내는 경우가 있습니다. 이 경우 '나는 원래 그런 일은 잘하지 못해'라고 스스로 인정하고 포기할 수도 있지만, 이불-킥을 통해 '이번엔 준비가 부족했어. 다음번엔 더 잘할 수 있을 거야'라며 극복하려 노력할 수도 있습니다. 성장하려는 노력과 스스로 성장하고 있다는 믿음이 중요함을 깨닫게 한 소중한 한마디입니다.

김진애 박사의 리더십에 대한 이야기도 아주 인상적이었습니다. 리더십 유형을 크게 '기획, 혁신, 종합, 성과' 능력과 '공감, 소통, 배려' 능력으로 구분할 수 있으며 굳이 표현하자면, 전자가 남성적 리더십, 후자가 여성적 리더십이라는 것입니다. 조직의 건강한 발전을 위해 리더는 기획, 종합능력뿐만 아니라 공감과 소통능력도 두루두루 갖춰야 하는 '양성적 리더십'이 필요하다고 합니다. 한편 기획, 종합 등의 능력은 빠르게 습득할 수 있지만, 공감이나 소통능력은 좀처럼 익히기가 어렵다고 합니다. 이에 배려, 공감, 인정, 소통 등의 능력을 의식적으로 키우려 노력해야 한다는 것입니다.

사실 리더십과 관련한 덕목은 조직의 리더에게만 적용되는 것은 아닙니다. 조직 생활은 주변과의 관계설정에 어려움이 있기 마련입니다. 사회생활 초년에는 윗사람을 어떻게 대해야 할지 어려움이 있고, 성과경쟁을 해야 하기에 동료와의 갈등을 겪기도 합니다. 개인과 조직의 리더라는 자세로 양성적 리더십으로 표현된 '기획, 종합, 혁신'능력과 '공감, 배려, 소통'능력을 길러야 하겠다 스스로 생각했던 기억이 있습니다.

건강한 조직을 위한 리더의 자세와 관련해 제게 큰 교훈을 주었던 것은 사이먼 사이넥(Simon Sinek)의 '리더는 마지막에 먹는다'는 책이었습니다.* 조직 내 동료들이 서로를 존중하고, 상사가 구성원을 돌봐준다는 '안정권(Circle of Safety)'에 대한 믿음이 생기면 조직은 신뢰와 협력, 문제 해결력이 극적으로 향상되니 리더가 제대로 역할을 해야 한다는 것입니다. 이와 함께 네 가지 종류의 행복 호르몬과 코르티솔이라는 스트레스 호르몬에 대해 아래와 같이 설명합니다.

1. 인간은 생존을 위해 노력하면 기분이 좋아지는 방식으로 진화

신체에 있는 모든 것들은 하나의 목표, 즉 우리의 생존을 돕기 위해 설계되

---

* 사이먼 사이넥 지음, 이지연 역, 『리더는 마지막에 먹는다』, 36.5, 2014

어 있으며, 생존을 위해 노력하면 기분이 좋아지는 화학물질을 분비하는 방식으로 진화했다. 우리 신체에는 일반적으로 행복이라고 부르는 긍정적 기분을 일으키는 주요 화학물질로 엔도르핀, 도파민, 세로토닌, 옥시토신 등 네 가지가 있다.

생존 인센티브를 구성하는 네 가지 주요 화학물질 중 엔도르핀과 도파민은 주로 식량을 찾고 일을 완수하기 위해 진화한 것으로 개인적으로 필요한 것, 즉 인내하고, 음식을 찾고, 집을 짓고, 일을 추진하고, 완수하게 한다. 이를 '이기적 화학물질'이라 한다. 엔도르핀은 육체적 고통을 참게 하는 것, 운동 중 많이 경험하는 러너스 하이(Runner's High)라는 행복감이 그것이다. 도파민은 찾고 있던 것을 찾아내거나 해야 할 일을 완수했을 때 기분이 좋아지게 하는 것이다. 우리가 발전을 좋아하는 목표지향적 종이 된 것은 도파민 때문이며, 도파민은 중독성(게임중독, 쇼핑중독, 수치달성 등 부작용)이 매우 강하다.

세로토닌과 옥시토신은 사교와 협동을 위한 것으로, 협동하고 신뢰와 충성심을 키우도록 장려한다. 이를 '이타적 화학물질'이라고 부르며, 궁극적으로 험한 세상에서 우리가 잘 살아갈 수 있는 핵심능력은 협동을 통해 발전을 이루는 능력이다. 남들이 나를 좋아하거나 존경한다고 느낄 때 드는 감정의 세로토닌은 자부심을 느끼게 하는 것으로, 수치화된 목표에는 책임감을 느낄 수 없고 오직 사람에 대해서만 책임감을 느끼는 것이 세로토닌 때문이다. 옥시토신은 우정, 사랑 혹은 깊은 신뢰의 감정으로, 옥시토신 덕분에 우리는 사회적인 인간이 되며, 이것이 없다면 강한 우정이나 신뢰감을 키울 수 없다.

인간이 그 어떤 것보다 더 열망하는 것은 소속감, 즉 안정권에 있다는 느낌이며, 옥시토신이 신뢰와 충성심이라는 감정의 배후에서 우리를 기분 좋게 해 주고 타인을 위해 좋은 일을 하도록 만든다. 옥시토신은 면역체계를 강화하고, 문제 해결력을 높여주며, 도파민의 중독적 특성에 저항하게 만들어 주기도 하며, 대체로 즉각적인 만족감을 책임지는 도파민과는 달리 옥시토신은 지속적이고 차분하고 안전한 기분을 느끼게 해준다.

2. 코르티솔, 우리가 불안감이라 부르는 것

코르티솔은 우리가 직감적으로 뭔가 위험한 것이 도사리고 있다고 직감적으로 느끼게 하는 화학물질이다. 사회적 동물인 인간에게 무의식적 불안, 스스로 책임져야 한다는 것 등은 상당히 무서운 기분으로 안정권을 느낄 수 없어 코르티솔이 혈관으로 퍼진다. 코르티솔의 분비는 생존을 도울 수도 있지만, 지속적으로 분비될 경우 인지능력을 손상시켜 공격성을 증가시킨다거나 성욕을 억제하며, 면역체계가 기능을 멈춰버려 질병에 취약해질 수도 있다.

3. 일과 생활의 균형이란, 리더의 역할은?

일과 생활의 균형이란, 업무시간이나 우리가 겪는 스트레스와는 상관없다. 그것은 우리가 어디에서 안전하다고 느끼는가와 관련된다. 집에서는 안전하다고 느끼면서 직장에서는 그렇지 않다면 우리는 일과 생활의 불균형을 느끼며 괴로워할 것이다. 집에서도 직장에서도 튼튼한 인간관계를 가진다면, 소속감을 가진다면, 보호받는다고 느낀다면, 옥시토신 같은 마법의 화학물질이 강력한 힘을 발휘해 스트레스와 코르티솔의 영향을 약화시킬 것이다.

직원들은 단순히 부자가 될 수 있는 직장보다는 동료들 사이에서 안심할 수 있고, 성장의 기회가 있으며, 자기 자신보다 더 큰 무언가의 일부가 된 느낌을 가질 수 있는 직장에서 일하기를 선호한다. 리더는 구성원들이 잘 성장하고 조직의 이익을 증진시키게 되는 문화를 창조할 힘을 가졌다. 리더는 자신이 보살펴야 할 사람들을 보호하겠다는 책임을 받아들일 때만, 오직 그때에만 리더가 될 수 있다. 조직의 리더가 외부의 위험으로부터 구성원들을 보호하기 위해 노력하고 있다고 느끼는 직원이 절대다수여야만, 조직은 외부 사람들 역시 안정권 안으로 끌어들일 수 있다.

어쩌면 김진애박사의 이불-킥과 양성적 리더십 얘기도 행복 호르몬으로 설명이 가능합니다. 개인적인 차원의 도전과 극복(엔도르핀과 도파민), 조직 구성원간의 소통과 신뢰(세로토닌과 옥시토신)는 건강한 조직을 위한 토대이며, 리더는 조직 내 불안감(코르티솔이 분비되는 상황)이 확산되지 않도록 안정권을 확보해야 한다는 것입니다. 누군가 제게 '이를 실천하고 있느냐?'고 물으면 '그렇다'라고 얘기하긴 쉽지 않습니다.

행림회춘(杏林回春)

행림회춘(杏林回春)은 살구나무 숲에 봄이 돌아왔다는 뜻입니다. 아마 한의학을 공부하셨던 분들은 '행림'이라는 단어가 낯설지 않을 것입니다.

오나라에 동봉이라는 의사가 살았는데, 이분은 어려운 사람들을 치료해 주고 치료비 대신 살구씨 하나를 뒷산에 심고 가게 했습니다.

얼마나 많은 사람이 살구씨를 심었는지, 세월이 지나 살구나무 숲이 되었습니다. 그 살구나무 숲에 봄이 돌아왔다는 뜻입니다.

감동적인 사랑,
감동을 주는 정치

 기로에선 한국경제, 역사적 교훈'을 주제로 경북대 이정우 교수의 특강을 들었던 기억이 있습니다. 근로여건이 악화하고 빈부격차가 심해지는 상황에서 우리 경제가 나아가야 할 길에 대해 강의하고 싶었던 모양입니다.

 딱딱한 경제 이야기를 꺼내기 전 종로구 성북동에 자리한 '길상사'에 얽힌 사연을 소개합니다. 길상사는 '무소유'로 잘 알려진 법정 스님이 입적하시기 전까지 머물던 곳입니다. 예전에는 친일 기업인의 별장으로 쓰이기도 했고, 개발연대에는 삼청각, 청운각과 함께 요정(料亭)으로 이름을 떨치기도 했습니다. 김영한 여사는 천억에 가까운 대원각을 아무런 조건 없이 법정 스님에게 넘겼고, 그

것이 지금의 길상사가 된 것이지요.

김영한 여사는 젊은 시절 시인 '백석'을 만납니다. 백석은 요정에 있는 김영한을 '내 여자'라 하며 혼인을 하려 했으나 집안의 반대로 무산됩니다. 이후 남북이 분단되면서 백석 시인은 북에서, 김영한 여사는 남에서 서로를 그리워하며 평생을 살아갔다고 합니다. 늦여름 길상사엔 붉은 꽃무릇이 흐드러지게 피었습니다. 짙은 그리움을 표현한 꽃이라지만 어울림이라는 것, 함께하여 아름답다는 것이 이런 것일까요?

'평생 일궈온 대원각을 무상으로 넘겨 아깝지 않냐?'는 질문에 김영한 여사는 '천억이 그 사람(백석) 시 한 줄만 못해. 다시 태어나면 나도 시 쓸 거야'라고 말했다 합니다. 추측건대 김영한 여사는 평생 만나지 못하는 연인을 그리워하며 마음 깊숙이 사랑의 감정을 느꼈을 것이고, 그로 인해 행복했을 것입니다.

이정우 교수는 본격적으로 미국의 양극화 얘기를 합니다. 1920년대 미국의 소득 상위 10%는 전체 소득의 50% 이상을 점유했으며, 리먼브라더스(Lehman Brothers) 사태가 발생한 2008년에도 양극화가 심각한 수준이었다는 것입니다. 그 결과는 경제충격으로 이어집니다.

미국은 1920년대 공화당 출신인 워런 하딩(Warren G. Harding), 캘빈 쿨리지(Calvin Coolidge) 등이 집권하면서 부자감세, 기업규제 완화, 작은 정부 등의 정책을 펴면서 불평등이 크게 확대되어 결국 대공황을 초래했다고 합니다. 1930년대 민주당의 프랭클린 루스벨트(Franklin Delano Roosevelt) 대통령이 집권한 이후, 뉴딜(New Deal)정책을 추진하면서 소득 불평등이 완화되고 장기적인 경제성장으로 이어졌습니다. 뉴딜정책은 흔히 후버댐 건설을 떠올리며, 정부가 재정을 확대하고 공공인프라를 확충하는 등으로만 언급합니다. 하지만 1930년대 미국 정부가 추진한 뉴딜은 기업과 고소득자에 대한 규제를 제도화하고, 교육과 의료 등 복지서비스를 정착하는 '규제와 복지의 제도화'를 일컫는다고 합니다. 설명이 명쾌합니다.

리먼브라더스(Lehman Brothers) 사태 이후 민주당의 오바마(Barack Hussein Obama) 대통령이 집권한 8년 동안 1930년대와 같이 규제와 복지의 제도화를 정착시켜야 했지만 이를 제대로 수행하지 못했다는 것입니다. 미국경제는 양극화가 해소되지 않았으며, 그 반작용으로 도널드 트럼프(Donald J. Trump)와 같은 대통령이 등장하게 되었다고 합니다. 자동차, 철강 등의 주요 생산지였던 미국의 중서부와 북동부 지역의 쇠락한 공업지대를 지칭하는 러스트 벨트(Rust Belt)가 트럼프를 지지해 대통령이 되었지만, 이들에 대한 복지혜택을 강화하지 않아 민심이 돌아섰기 때문에 트럼프가 연임하지 못할 거라 예상하기도 했습니다.

한국도 경제성장이 정체되고 불평등 양극화가 심각한 수준으로 치닫고 있습니다. 양극화 해소와 안정적 경제성장이라는 두 마리의 토끼를 잡기 위해서는 소득 불평등을 개선하는 한편, 증세를 통해 복지지출 수준을 높이는 '규제와 복지의 제도화'를 정착하는 '한국형 뉴딜'이 필요하다고 역설합니다.

2020년 코로나 사태 이후 불평등과 양극화는 가속화되고 있습니다. 저금리 기조가 이어지면서 자산시장에 거품이 형성되고 있으며, 저소득 계층은 나락으로 떨어지고 있습니다. 실물자산 투자에 뛰어들지 않으면 영원히 뒤쳐질 것 같은 불안감이 있습니다. 개개인이 각자의 부를 무리하게 축적하려 방황하는 형국입니다. 저 또

한 다른 사람들이 살아가는 모습과 크게 다르지 않습니다. 사회공동체를 건강하게 만드는 평등, 투명, 공정의 가치가 사라진 건 아닌가 하는 우려감이 있습니다.

사회적 책임을 짊어져야 하는 위치에 있는 분들은 공동체를 위한 가치를 실현하는데 헌신해야 하지만, 이에 대한 믿음을 주지 못합니다. 청와대 고위공무원의 무리한 부동산 투자나 한국토지주택공사(LH) 직원들의 부동산 투기 등은 국민에게 큰 실망감과 분열을 안겨줍니다. 이정우 교수는 이에 대해서도 '선진국은 권력이든 돈이든 둘 다 주지 않는다'고 짧게 얘기합니다. 오랜 자본주의 역사의 교훈이라 생각되며, 우리 사회도 각자도생(各自圖生)의 거친 계곡의 소용돌이를 걷어내려 노력해야 합니다. 사회 지도층이 '계산의 정치가 아닌 감동의 정치'를 통해 우리나라의 제대로 된 방향성을 제시하여 신뢰를 쌓아가길 희망해 봅니다.

김영한 여사가 느꼈던 깊은 사랑의 감정이 행복감을 주는 것처럼, 건강한 사회공동체를 구축하여, '든든한 대한민국'이라는 울타리 안에서 함께 행복을 누릴 수 있는 시절이 오기를 기대해 봅니다.

군자는 원래 궁한 법이라네

신영복 교수의 책 '담론' 한 구절을 읽습니다. 공자에 관한 이야기입니다. 반복해서 읽어도 의미가 새롭습니다.*

첫 번째 일화입니다. 자공이 정치를 물었습니다. 정치란 식(食), 병(兵), 신(信)의 세 가지라고 대답합니다. 자공은 명석하고 질문이 많은 제자입니다.

이 셋 중에서 한 개를 부득이 없앤다면 병을 없애라, 또 한 개를 더 없앤다면 식을 없애라. 그러면서 마지막으로 하는 말이 무신분립(無信不立), 백성의 신뢰가 없으면 나라가 존립할 수 없다고 합니다.

---

* 신영복 지음, 『담론』, 돌베개, 2015

임금이 신망이 있으면 백성들이 몰려옵니다. 공자는 인(仁)이란 근자열(近者說) 원자래(遠者來)라고 합니다. 가까이 있는 사람이 기뻐하고 멀리 있는 사람이 찾아오는 것이 인이라고 했습니다.

두 번째 일화입니다. 이노우에 야스시의 소설 '공자'에 있는 내용입니다. 공자 일행이 며칠을 굶주려 일어날 기력도 없을 때였습니다. 자로가 화난 듯 공자에게 이야기합니다.

'군자도 궁할 때가 있습니까?(君子亦有窮乎?)' 자로의 노여운 질문에 공자의 답변은 의외로 조용하고 간단합니다.

'군자는 원래 궁한 법이라네(君子固窮). 소인은 궁하면 흐트러지는 법이지(小人窮斯濫矣)'. 이것이 공자의 모든 것을 한마디로 압축한 답변입니다.

정의의 이름으로 자행되는 '정의의 적들'

2017년 여름 '정의의 적들'이라는 주제로 표창원 국회의원의 특강을 들었습니다. 표창원 의원은 경찰대학교 교수로 오랫동안 범죄심리학을 연구했습니다. '정의의 적들'이란 책은 주관적인 정의(Justice)에 기반한 행동이 사회적으로는 정의롭지 못한 것일 수 있으니 객관적으로 판단해야 한다는 것이 핵심입니다.

우리 주변에는 정의를 부르짖으면서 공감을 얻지 못하는 사례를 자주 접합니다. 정치권력 혹은 재벌은 정의라는 명분으로 선량한 시민을 억압하거나 부를 축적하는 등 거대한 범죄를 저지르기도 합니다. 또 스스로 행한 범죄를 덮기 위해 전관예우(前官禮遇) 등의 다양한 인맥을 동원하고 돈으로 매수하기도 합니다. 정치인 중에는 전체를 숨기고 특정 사실만 왜곡해 상대를 비난하기도 합니다. 정의를 공평하게 적용받지 않으며, 법과 제도 위에 군림하려 합니다. 강남 부자들이나 여성을 상대로 연쇄살인을 저지른 경우도 가해자들의 심리상태는 '정의를 실현'한 것으로 확신하더라는 것입니다. 정의(Justice)를 주관적으로 정의(Define)한 탓입니다.

사실 주변에는 건강한 사회공동체를 방해하는 '정의의 적들'이 무수히 많습니다. 타인의 삶을 짓밟으며 자신의 욕구를 충족하거나 사익을 추구하면서 책임은 지지 않으려는 사람들, 수사기관에 있으면서 직무상 범죄를 저지르는 사람들, 국민에 의해 위임받은 국가권력을 사익을 위해 악용하고 남용하는 사람들 등이 모두 정의의 적들이라는 것이지요. 표창원 전 의원은 '정의의 적들'이란 책에서 정의(Justice)를 아래와 같이 판단해야 한다고 합니다.*

'정의는 옳음이다. 하지만 아무나 멋대로 '내가 옳다'고 주장한다고 해서 정의가 되는 것은 아니다. 반드시 근거가 있어야 한다. 법적, 철학적, 종교적 혹은 논리적 근거. 서로 다른 근거들이 충돌하는 상황에서, 혹은 그 근거의 의미를 해석하기 위해서, 필요한 또 다른 '정의의 판단 도구'가 '시대정신'과 '국제적 기준'이다. 그동안 인류와 사회가 경험하고 학습하고 극복한 '역사'

---

* 표창원 지음, 『정의의 적들』, 한겨레출판, 2014

의 산물인 시대정신은 혼란과 갈등이 만연해 무엇이 정의인지 판단하기 어려울 때 결정적인 도움을 준다. 또 한 국가 사회 내에서 무엇이 옳은지에 대한 논란이 생기고 이견이 서로 충돌한다면, 그 시대의 국제적 기준과 인류적 보편성을 살펴보는 것이 해답을 준다.'

저도 가끔은 제한된 정보로 상황을 잘못 판단하거나, 상대를 과하게 칭찬 혹은 비난하는 경우가 있습니다. 개인적인 친분 여하에 따라 상황을 판단하거나 일방의 주장에만 의존하기 때문입니다. 주관적으로 정의를 내린 탓입니다. 스스로 '정의(Justice)'를 제대로 정의(Define)하고 이를 실천해오고 있는지 살펴봐야 합니다. 상황을 '객관화하는 연습'을 길러야 합니다.

저는 이슈가 발생하면 상황을 제대로 판단하기 위해 첫째, 발생한 문제가 무엇인지 확인한다. 둘째, 상대방의 입장이 되면 어떨까 생각해 본다. 셋째, 되도록 많은 사람에게 조언을 구하고 이야기를 듣는다. 넷째, 스스로 생각이 합리적인가 다시 한번 돌아본다. 이런 과정을 거치다 보면 생각 정리가 되고, 상황에 맞는 판단이 섭니다. 주관적으로 판단하고 행동할 경우의 폐단을 줄이기 위한 것이며, 객관화하려는 노력입니다.

군이 정의를 논하지 않더라도 상황을 객관화하는 연습은 살면서 많은 도움이 됩니다. 스스로 추진하고 있는 일의 방향성은 공감대를 얻을 수 있어야 하며, 주변과 사소한 다툼이 있는 경우도 상대방의 입장을 살펴야 합니다. 정치 상황 혹은 경제여건을 판단하는 것도 객관성을 잃지 말아야 합니다. 사업을 하려는 분들은 시장의 동향이나 전망을 객관적으로 살펴봐야 하는데, 막연한 자신감으로 주변 여건은 고려하지 않은 채 낭패를 보는 경우가 있습니다. 주식이나 부동산 투자도 상황을 객관적으로 판단하고 신중하게 접근해야 할 필요가 있습니다. 자칫 그릇된 판단으로 섣부르게 행동하면 손실을 만회하기가 무척 어렵습니다.

정의를 얘기하는 것, 상황을 객관화하는 것 등은 결국 주변과의 소통입니다. 독단적으로 판단하지 않고, 주변을 살피고 소통하면 의사결정의 방향성은 크게 벗어나지 않습니다.

진인사대천명(盡人事待天命)과 대기만성(大器晚成)

학창시절 진인사대천명(盡人事待天命)과 대기만성(大器晚成)에 대해 강의를 들었던 기억이 있습니다. 일반적으로 진인사대천명은 '사람이 할 수 있는 일에 최선을 다하고, 이후 하늘의 뜻을 기다린다'로 해석합니다. 당시 교수는 해석을 달리하여, '사람이 할 수 있는 일에 최선을 다한 후에는 하늘의 뜻을 받아들인다'로 풀이해야 한다고 주장하였습니다. 대(待)를 '기다린다'로 풀이하지 말고, '받아들인다'로 해야 자연스럽다는 것이지요.

취업준비를 하며 진인사대천명(盡人事待天命)을 책상머리에 써 두었던 기억이 있습니다. 대(待)를 하늘의 뜻을 기다리는 것으로 해석을 하면, 준비를 열심히 했으니 당연히 원하는 대로 취업을 할 것이라는 기대가 있고, 기대한 대로 되지 않으면 이유를 찾게 됩니다. 계획대로 일이 풀리지 않는 경우엔 주변을 원망하거나 좌절하는 사례가 많습니다. 이와 달리 대(待)를 하늘의 뜻을 받아들이는 것으로 해석을 하면, 어떤 결과를 마주하더라도 하늘의 뜻이라 여기고 이를 받아들이게 된다는 것입니다.

나이가 들수록 열심히 노력해도 원하는 대로 다 이뤄지기란 쉽지 않다는 걸 알게 됩니다. 시대적 흐름과 주변의 여건, 개인적으로 처한 상황 등이 작용하는 가운데, 사람들과의 관계도 실타래처럼 얽혀있기 때문이 아닐까 싶습니다. 나름 최선의 노력에도 불구하고 이런저런 이유로 원하는 대로 이뤄지지 않았을 경우 이를 순순히 받아들이려 합니다. 그러면 마음이 편해지고, 처한 상황을 인정한 토대 위에 새롭게 무언가를 도전할 수 있게 됩니다. 어쩌면 기독교에서 말하는 '그분의 인도하심'이라는 말도 진인사대천명(盡人事待天命)의 다른 해석과 비슷하지 않을까 생각해 봅니다.

대기만성(大器晩成)은 큰 그릇을 만드는 데 오랜 시간이 걸리듯, 크게 될 사람은 늦게 이뤄진다는 뜻으로 풀이합니다. 교수님은 만(晩)에 대해서도 '늦다'로 풀이하지 말고, '가득 차다'로 풀이해야 한다고 주장하였습니다. '큰 그릇은 늦게 이루어진다'는 표현보다 '큰 그릇은 가득 차야 이루어진다'라는 것이지요. '저렇게 해석할 수도 있겠구나' 정도로 여겼었는데, 요즘에는 '가득 차야 이루어진다'는 대기만성의 또 다른 뜻풀이가 어렴풋이 이해됩니다.

 주변에는 무리하게 승진을 해 높은 자리에 오른 경우나, 최고의 자리에 오른 정치인이 실력과 경륜을 두루두루 겸비하지 못한 탓에 크게 낭패를 보는 경우가 있습니다. 어쩌면 가득 차지 못한 사람이 높은 지위에 오르게 되면서, 제 역할을 제대로 하지 못해 주변도

힘들고, 조직도 힘들어지는 경우를 두고 대기만성하지 못한 것이라 하는 것이 아닐까 생각해 봅니다. 가득 차지 않으니 만사형통(萬事亨通)하지 못하는 형국을 초래한 것입니다.

시간이 흐르면서 강의의 기억은 흐려졌지만, 당시 교수의 진인사대천명(盡人事待天命)과 대기만성(大器晚成)에 대한 해석은 머릿속에서 뚜렷하게 남았습니다. 주어진 일에 대해서는 최선을 다하되, 결과에 대해서는 '운명'이라 말하든, '그분의 뜻'이라 칭하든 받아들이면 됩니다. 또 자기만의 그릇을 키움과 동시에 지식과 지혜를 가득 채우려 노력합니다.

얼마 전 읽었던 김영수 작가의 '사마천, 인간의 길을 묻다' 중 일자열전의 내용이 대기만성하지 못한 사례가 아닐까 생각해 봅니다.*

수단을 강구하여 능력 이상으로 지위를 향상하는 것을 훌륭한 사람이 되는 것으로 생각하고, 진짜 훌륭한 사람의 발목을 잡아 끌어내리고 승진코자 합니다. 이는 비록 흉기는 들고 있지 않지만, 강도와 다를 게 무엇이겠습니까? 재능이 없는 데도 높은 지위에 앉아서 진짜 훌륭한 인재를 밀어내면 그

---

* 김영수 지음, 『사마천 인간의 길을 묻다』, 위즈덤하우스, 2016

것은 지위를 도둑질하는 것입니다. 향기 높은 풀들이 들판에 버려지고 해로운 잡초가 무성해 있습니다. 참된 인물이 세상에 나올 수 없도록 만든 것은 그대들 선택받은 자들의 책임입니다.

 성실히 삶을 살아가되 이루고자 하는 목표를 세우고 과정에 충실하면 그만입니다. 결과는 덤덤히 받아들이면 됩니다. 무리하게 탐내지 않고, 스스로 지식과 지혜를 쌓으며 성장하는 삶을 살아가다 보면, 어떤 역할을 맡게 되더라도 능히 감당해 낼 수 있으리라 믿습니다.

하루 세 번 성찰

스스로 돌아보는 삶, 객관성을 잃지 않으려는 노력을 공자는 '하루 세번 성찰'하는 것으로 표현했습니다.

논어(論語)의 학이편(學而篇)

증자왈, 오일삼성오신(曾子曰, 吾日三省吾身)

위인모이불충호?(爲人謀而不忠乎?)

여붕우교이불신호?(與朋友交而不信乎?)

전불습호?(傳不習乎?)

증자가 말씀하였다. 나는 날마다 세 가지로 내 몸을 반성한다.

일을 도모함에 있어 진실하지 못한 점이 있었는가?

친구와 더불어 사귐에 있어 믿음이 없지 않았는가?

전수받은 것을 익히지 않은 것이 있었는가?

무소의 뿔처럼
혼자서 가라

 노동조합 간부로 활동하는 일은 늘 조심스럽습니다. 조합원들의 다양한 이해관계를 종합해야 하고, 또 사측과 협상도 해야 합니다. 이해가 상반될 경우 몇몇 분들의 목소리를 반영하지 못하는 경우가 있으며, 사측과의 협상 과정에서도 수단이 제한적이거나 요구사항이 무리하다고 판단될 경우 대립하게 됩니다.

 협상 결과에 따라 혜택을 보는 누군가가 있는가 하면, 만족하지 못하거나 피해를 본다고 느끼는 사람도 있기 마련입니다. 고마워하는 사람이 있기도 하지만, 또 싫어하는 사람도 생깁니다. 거짓 소문이나 조작된 비난에 휩싸이기도 합니다. 소위 부지불식간(不知不識間)에 적(敵)과 동지(同志)가 생기게 되는 것이지요.

가깝다고 생각했던 사람들이 돌아서기도 하고, 더 나아가 적대적으로 대하기도 합니다. 저도 가끔 성향이 다르다고 판단될 경우 누군가를 멀리하거나 비난하기도 했습니다. 이로움과 해로움, 즉 이해관계(利害關係)에 따라 판단과 행동이 달라지는 건 당연한 이치일 것입니다. 어쩌면 다양한 이해관계를 조율해야 하는 위치에 있는 사람이 짊어져야 할 멍에 같은 것인지도 모릅니다.

 노동조합 위원장 출마 선언을 할 즈음 저보다 10년 이상 나이가 많은 인생 선배께서 써 주었던 글의 의미를 이제야 어렴풋이 알 듯합니다. 논어 학이편(論語 學而篇)에 있는 글입니다.

인부지이불온(人不知而不慍) 불역군자호(不亦君子乎),
남들이 알아주지 못하여도 성내지 않는다면 군자답지 않은가.

학재기(學在己) 지부지재인(知不知在人) 하온지유(何慍之有),
배움은 나에게 있으며 알아주고 알아주지 못하고는 남에게 있으니 무슨 성냄이 있겠는가.

 몇 년의 시간이 흐른 지금에서야 위 글의 의미를 깨닫습니다. 또

주변 사람의 이야기에 감정적으로 크게 흔들리지 않으려 노력합니다. 외부의 그릇된 충격에 반응하려 하지 않습니다. 불교 경전의 '무소의 뿔처럼 혼자서 가라'는 글귀도 이런 뜻이 아닐까 싶습니다.

홀로 행하고 게으르지 말며

비난과 칭찬에도 흔들리지 말라

소리에 놀라지 않는 사자처럼

그물에 걸리지 않는 바람처럼

진흙에 더럽히지 않는 연꽃처럼

무소의 뿔처럼 혼자서 가라

여건이 만족스럽기는 쉽지 않습니다. 상황은 의도하지 않게 흘러가는 경우가 대부분입니다. '달걀이 스스로 깨고 나오면 병아리가 되지만, 누군가에 의해 깨어지면 후라이가 된다'고 하니 주어진 환경을 받아들이고, 깨닫고 변화하려 노력하면, 인격적으로 성장하는 삶을 살아가리라 믿습니다.

도시의 퇴근길

혼자된 밤

어둠과 함께 하루가 저물어 갑니다.

돌아오는 길은 혼자입니다.

소진된 느낌과 약간의 두려움이 혼재합니다.

빌딩 숲을 가르는 바람은 달빛을 구름으로 가립니다.

추스르지 못한 감정은 평지를 걷다 늪으로 가라앉습니다.

달과 구름이 어둠으로 하나 되듯 파묻히고 싶은 밤입니다.

적자생존
(適者生存, The survival of the fittest)

말콤 글래드웰(Malcolm Gladwell)의 '1만 시간의 법칙'은 잘 알려진 얘기입니다. 아웃라이어(Outlier)로 불리는 '탁월한 능력의 소유자'가 되기 위한 첫 번째 요인은 '천재적 재능'이 아니라 소위 '1만 시간의 법칙이라 불리는 쉼 없는 노력'이라는 것입니다. 1만 시간이라고 하면 하루에 3시간씩 10년을 보내야 확보되는 시간입니다.

'블링크(Blink)'도 눈을 깜빡이는 찰나의 순간에 직관적으로 판단을 내린다는 뜻으로 잘 알려져 있습니다. 무의식적으로 이뤄지는 순간적인 판단이 의사결정에서 매우 중요하니, 개인적인 노력을 통해 직관적인 판단능력을 높여야 한다는 것입니다. 맡은 영역에서 실력과 전문성을 충분히 갖추면, 직관적인 판단에 의한 결정이 많은 정보를 수집하여 합리적인 의사결정을 내리는 경우보다 탁월한 성과를 달성할 수 있다는 것입니다.

말콤 글래드웰의 '다윗과 골리앗의 싸움'에 대한 해석도 인상적입니다. 당시 전투는 기마전(騎馬戰), 보병전(步兵戰), 투석전(投石戰)이 있었는데, 덩치 큰 골리앗은 보병이었으나, 다윗이 투석으로 대항하는 바람에 골리앗이 쉽게 패하고 말았다는 것입니다. 변화를 읽고 상대가 누구냐에 따라 전략을 달리하는 '발상의 전환'이 필요하다는 것을 깨달았던 기억이 있습니다.

말콤 글래드웰의 책을 읽은 지는 꽤 오래되어 세부적인 내용은 기억나지 않지만, 맡은 영역에서 부단히 실력을 쌓아갈 때 직관이 길러지고, 탁월한 성과로 이어진다는 의미로 이해했습니다. 어린 시절부터 자신감을 길러주는 것이나, 자유롭게 의사를 표현할 수 있는 수평적인 조직문화도 전문성과 직관을 기르는 데 중요한 것으로 이해했으며, 시간이 흐르며 책 내용에 대한 기억은 희미해졌습니다.

요즘은 변화에 잘 적응하고 있는지 자문하게 됩니다. 나이는 들어가는데, 회사에서 두각을 나타내기 어렵고, 경제적으로 여유롭지 못한 삶에 대한 불안감 때문이겠지요. 얼마 전 길을 걷다 문득 '적자생존'이라는 말이 떠올랐습니다. 적자생존은 '환경에 적합한 생명체만 살아남고 그렇지 못하면 도태된다'는 다윈(Darwin, C. R.)의 진화론에 근거한 것입니다. 아마도 우리 조상들은 더딘 변화를 경험했을 것입니다. 수렵(狩獵)과 채집(採集)의 사회에서 농경사회로 진화를 했고, 오랫동안 변화를 겪지 않았습니다. 할아버지의 할아버지께서 물려주신 유산대로 적응하며 살아도 되는 시절이었고, 불과 수십 년 전만 해도 변화의 속도는 빠르지 않았습니다.

하지만 우리 세대는 어린 시절 배운 지식으로 현재를 살아가기가 쉽지 않습니다. 자식 세대가 느끼는 변화의 속도는 더욱 빠를 것입니다. 어쩌면 본인이 몸담은 영역에서 전문성을 쌓아가고 있다는 확신이 없거나, 삶의 방향성에 대한 뚜렷한 자신감이 있지 않다면, 삶은 끈 떨어진 연처럼 방황하거나 공허할 수 있습니다.

이루고자 하는 삶의 목표나 방향성이 중요합니다. 막연하게나마 꿈꾸는 삶이 있다면 '그길로 묵묵히 걸어가면 되지 않을까?' 생각해 봅니다. 길은 무수히 많습니다. 경제전문가로 성장해 갈 수도 있고, 정치를 통해 우리 사회를 개선하려 노력하는 삶을 살 수도 있습니다. 자연과학 혹은 사회과학 영역에서 탐구에 몰입하는 삶을 살아갈 수도 있고, IT나 반도체 등 첨단산업, 금융업, 농업 혹은 인테리어업 등에 종사하는 일도 나름의 삶의 방향성이 될 수 있습니다. 하고 싶은 일을 꾸준히 하다 보면, 몸담은 영역에서 전문가가 될 것이고, 변화를 읽어내는 직관과 통찰이 생길 것이라 믿습니다.

40대 중반이 되고 보니, 성공한 삶을 살고 있는지에 대한 확신은 없지만 나름대로 방향성이 흐릿하게나마 보이는 듯합니다. 몸담은 조직에서 전문성을 쌓고, 변화를 읽어내는 통찰을 기르면 실행력도 커질 것이라 믿습니다. 또 전문성은 자연스럽게 경제적 자유로 이어지리라 믿습니다.

매슬로우(A. H. Maslow)는 인간의 욕구를 5단계로 나누었습니다. 첫째 식욕과 수면욕 등의 생리 욕구, 둘째 안전을 추구하는 욕구, 셋째 사회적 관계나 인정의 욕구, 넷째 존경의 욕구, 다섯째 자아실현의 욕구가 그것입니다. 매슬로우의 욕구 단계를 알지 못하더라도, 먹고사는 문제가 해결된다면, 어울리고 싶고, 존경받고 싶고,

뭔가 자신만의 삶을 추구하고 싶은 것이 인간의 심리입니다. 저 또한 우리 사회 구성원이 함께 행복해졌으면 하는 바람입니다.

 적자생존은 사실 개개인이 환경에 적응하는 논리인 듯 보이지만, 인간종(種)이 협업했기 때문에 다른 생명체에 비해 생존과 번식이 적합했으리라 봅니다. 개개인의 삶도 빼어난 실력이 두각을 나타내는 것이지만, 그 이면에는 수없이 많은 힘이 작용했습니다. 공동체를 이루고 살아가니 당연한 이치입니다. 우리는 시대를 벗어나서 공동체를 설명할 수 없으며, 공동체 속에서 서로 재능을 주고받습니다. 적자생존의 진정한 의미는 인간종의 '지속 가능한 발전을 위해 건강한 공동체를 함께 만들어 가는 것'이 아닐까 생각해 봅니다.

인상 깊게 보았던 말콤 글래드웰의 글과 Jin.K.Park의 하버드 졸업 연설을 인용해 봅니다.**

1. 말콤 글래드웰의 '아웃라이어' 내용 중에서

숲에서 가장 키가 큰 상수리나무가 그토록 성장할 수 있었던 이유는 가장 단단한 도토리에서 나왔기 때문만은 아니다. 다른 나무가 햇볕을 가로막지 않았고 토양이 깊고 풍요로우며 토끼가 이빨을 갈기 위해 밑동을 갉아 먹지도 않았고 다 크기 전에 벌목꾼이 잘라내지 않은 덕분에 가장 큰 나무가 된 것이다.

우리는 성공한 사람은 모두 단단한 도토리에서 나왔다고 생각한다. 하지만 그들에게 빛을 준 태양, 뿌리를 내리게 해준 토양, 그리고 운 좋게 피할 수 있었던 토끼와 벌목꾼에 대해서도 충분히 알고 있을까?

2. Jin.K.Park의 하버드 졸업 연설 내용 중에서

내 재능으로 다른 사람들에게 무엇을 할 것인가? 저의 재능은 저에게 더 나은 삶을 주기 위한 부모님의 희생에서 나왔다는 걸 잘 알고 있습니다. 그래서 저의 재능이 저의 것이 아니라는 걸 알았습니다. 사실 우리의 재능은

---

* 말콤 글래드웰 지음, 노정태 역 『아웃라이어』, 김영사, 2009
* 박진규(Jin.K.Park), 2018

사회적 협동의 산물입니다. 우리의 지적 재능과 능력은 다른 사람들이 우리를 믿고 투자할 때 비로소 꽃을 피웁니다. 제가 감히 우리 학교의 모든 학생에게 진실이라고 말할 수 있는 단 하나는, 그 누구도 혼자서는 이 자리에 오지 못했을 것이라는 겁니다.

What am I going to do for others with my talents? I knew on that my talents were merely a testament to their sacrifice, a product of their original dream to secure a better life for me and so I knew most of all that my talents weren't my own. In reality,

Our talents are products of social collaboration. Our intelligence, charm and abilities only blossom when others believe and invest in us. The only thing I would venture to say, is true for every single person in our class is that not one of us could have gotten to this point on our own.

죽음을 대하는 자세

휴일의 끝자락에 친하게 지내는 형으로부터 '간에 이상이 생겨 정밀검사를 받아야 한다'며 연락이 왔습니다. 당장 입원을 하기로 했고, 좋지 않은 소식이라 연락을 할까 망설이다 연락을 취했다는 것입니다. 형은 며칠 동안 죽음에 대해서도 많은 생각을 한 듯합니다. 소식을 전해주어 고맙기도 하지만, 큰 탈이 없어야 할 텐데 걱정입니다.

어린 시절엔 죽음을 생각하면 늘 두려웠습니다. 눈에 넣어도 아프지 않을 만큼 저를 애지중지(愛之重之) 아껴주셨던 할머니의 삶이 그 끝을 향해가는 것을 지켜보면서, 어떻게 받아들여야 할지를 한참 고민했던 기억이 있습니다. 오랜 시간이 흘렀고 이젠 아버지와 어머니의 삶도 그 끝이 다가오고 있음을 느낍니다. 몇 해 전 아버지께서 병원 신세를 지게 되면서 저 또한 유사한 미래를 맞이하게 될 것이라는 막연한 불안감이 커졌으며, 현재의 삶에 충실하고 주변에 너그러워 져야겠다는 마음이 강해졌습니다.

나이가 들면 자연스럽게 삶과 죽음에 대해 많은 생각을 하게 됩니다. '생명'이란 단어를 떠올릴 때면 장영희 교수의 책 '어떻게 사랑할 것인가'의 내용 중 '살아 있음'을 표현한 문장이 연상됩니다.*

'행복·성공·사랑 삶에서 최고의 가치를 갖는 이 단어들도 모두 생명이라는 단어 앞에서는 한낱 군더더기에 불과하다. 살아 있음의 축복을 생각하면 한없이 착해지면서 이 세상 모든 사람, 모든 것을 포용하고 사랑하고 싶은 마음에 가슴 벅차다. 그러고 보니 내 병은 더욱더 선한 사람으로 태어나라는 경고인지도 모른다.'

엘리자베스 퀴블러 로스(Elizabeth Kubler Ross) 여사의 '인생수업'이란 책도 삶과 죽음에 대해 많은 영감을 주었던 기억이 있습니다. 호스피스의 삶을 살아온 저자는 어떻게 이를 극복해 가는지 잘 정리해 주었습니다. 사람들은 보통 죽음을 포함한 모든 상실의

---

* 장영희 지음, 『어떻게 사랑할 것인가』, 예담, 2012

과정에서 부정, 분노, 타협, 절망, 수용의 단계를 거친다고 합니다. 누구나 상실의 경험을 부정하고 분노하다 서서히 타협하고 받아들이게 된다는 것이지요. 어떤 사람들은 상실이나 죽음을 받아들이지 못하고 과거에 묻혀 지내기도 합니다. 이에 엘리자베스 퀴블러 로스 여사는 아래와 같이 조언합니다.*

'마음의 준비가 되면 먼저 상실을 느끼고 그 사실 자체를 인정해야 합니다. 자신이 느끼는 것이 정상적인 감정임을 잊지 말아야 합니다. 고통을 겪는 것만이 고통에서 벗어날 수 있는 유일한 길입니다. 고통의 한가운데 있을 때는 상실감이 결코 끝나지 않을 것 같지만 삶이라는 수레바퀴는 계속 굴러갑니다. 죽을 사람과 살 사람을 결정하는 것은 신이나 우주의 몫입니다. 우리의

* 엘리자베스 퀴블러 로스, 데이비드 케슬러 지음, 류시화 역, 『인생수업』, 이레, 2006

질문에 해답은 있을 수 없지만 살아남은 이들은 더 살도록 선택된 것입니다. 그러니 우리는 만일 내가 더 살도록 선택받았다면 난 지금 과연 제대로 살고 있는가라는 질문을 던져야 합니다.'

생명과 죽음에 대해 생각하면, '현재 삶에 충실하고 있는가?' 스스로 묻게 됩니다. 또 어떤 삶이 충실한 삶일까에 대해서도 고민하지 않을 수 없습니다. 이 물음에 대한 나름의 해답은 김형석 교수의 '백년을 살아보니'라는 책에서 교훈을 얻을 수 있습니다. 책 내용을 몇 자 인용해 봅니다.*

'인생의 나이는 길이보다 의미와 내용에서 평가되는 것이다. 누가 오래 살았는가를 묻기보다 무엇을 남겨 주었는가를 묻는 것이 역사다. 한 사람의 일생은 대나무가 자라는 것과 비슷하다고 보아도 좋을지 모른다. 대나무는 마디마디가 단단히 자라야 한다. 어떤 한 마디가 약해지면 이다음에 그 마디가 병들어 부러지게 된다. 미국 LA 인근 '리버사이드 카운티'라는 작은 도시의 공원에 세 동상이 있다. 마틴 루터킹 목사, 도산 안창호, 마하트마 간디다. 세 사람은 다 같이 사랑이 있는 고난의 길을 걷다 희생의 제물이 되었다. 자신들의 목숨이나 일생보다 더 귀하고 높은 목적이 있었기에 그것을 위해 고난의 길을 택했고, 그 목적을 이루기 위해 순교자의 길을 걸었던 것이다. 그

---

* 김형석 지음, 『백년을 살아보니』, 덴스토리, 2016

목적은 일반적 관념으로 표현한다면 '더 많은 사람이 인간답게 살 수 있는 데 도움을 주고 싶다'는 것이다. 거기에는 진실과 사랑의 가치가 필수적이었다.'

'죽음이 우리에게 주는 교훈은 남은 세월을 무엇을 위해 살다가 무엇을 남기고 갈 것인가에 대한 물음과 해답인 것이다. 대답은 '사랑을 나눠주는 삶'이다. 그보다 위대한 것은 없다. 그 사랑이 귀하기 때문에 더 높은 사랑은 죽음까지도 극복할 수 있는 것이다. 사람은 성장하는 동안 늙지 않는다. 정신적 성장과 인간적 성숙은 그런 한계가 없다. 노년기가 되면 지혜가 필요하다. 지혜를 갖추지 못한 노인들은 사회로부터 버림받게 된다. 노년기에 버림받지 않고 기대와 존경을 받는 사람도 있고, 사회에 도움도 주지 못하는 쓸모없는 노년기로 인생을 끝내는 사람들도 있다. 나이 들었다는 것은 손아래 사람들을 위해주라는 뜻이다. 사랑하고 위해주는 마음이 있으면 실수와 부족한 점이 있더라도 존경과 감사의 대상이 되는 것이다. 나이 들수록 더 많은 사람들을 사랑하는 마음을 갖고 대할 수 있다면 그것이 존경받는 노년기 인생이 되는 길이라고 믿는다. 인생을 살아보면 사랑이 있는 고생이 가장 값진 행복한 인생인 것을 깨닫게 된다. 사랑이 있는 사람은 자신을 위하게 되어 있지 않다. 사랑하는 상대를 위하여 최선을 다하고도 더 사랑하고 싶어지는 법이다.'

삶과 죽음을 깊이 고민해 본 분들의 얘기는 '현재를 충실히 살아가는 것', '사랑이 있는 희생'을 실천하는 삶을 살아가라는 것입니다. 스스로 아직 그런 삶을 충분히 실천하고 있지는 못하지만, 그런 삶을 살아가리라 다짐하곤 합니다. 또 저는 '죽음'을 생각하면 '돌아감'이란 단어가 연상됩니다. 우리는 죽음을 돌아감이라 표현합니다. 돌아갈 그 어떤 곳은 '오래 머물던 곳, 편안한 곳'으로 연상됩니다. 죽음을 그렇게 해석하기로 마음먹으니, 두려움은 줄어들고 삶의 한 과정으로 받아들이게 됩니다.

늙어서 슬픈 일

김훈 작가의 '연필로 쓰기' 내용 중 일부입니다.*

늙어서 슬픈 일이 여러 가지겠지만 그중에서도 못 견딜 일은 젊어서 저지른 온갖 못난 짓거리와 비루한 삶에 대한 기억들이다.

이런 기억이 몰고 오는 슬픔은 뉘우침이나 깨달음이 아니라 한이나 자책일 뿐이다. 그 쓰라림은 때때로 비수처럼 가슴을 찌른다. 아아, 나는 어쩌자고 그랬던가. 그때는 왜 그 잘못을 몰랐던가.

이보다 더 슬픈 일은 그 악업과 몽매를 상쇄하기 위해서 내가 할 수 있는 일이 이미 없다는 것이다. 나는 절벽과 마주 선다.

이런 회한과 절벽을 극복할 수 없다 하더라도, 나는 그 절벽을 직시하는 힘으로 여생의 시간이 경건해지기를 바란다. '경건'이라고 쓰니까 부끄럽다.

---

* 김훈 지음, 『연필로 쓰기』, 문학동네, 2019

석과불식(碩果不食),
씨 과일은 먹지 않는다

석과불식(碩果不食)이라는 말이 있습니다. 씨가 될 과일은 먹지 않는다는 뜻입니다. 수확의 계절에 몇 개의 열매는 남겨둬서 다음을 기약한다는 것이지요. 저는 이 문장을 신영복 교수의 '담론'에서 처음 접했습니다. '담론'은 신영복 교수의 강의 녹취록을 책으로 엮은 것입니다. 제25장은 '희망의 언어 석과불식'이라는 제목입니다. 2006년 성공회대 정년 퇴임 고별강연에서도 '희망의 언어 석과불식'이라는 주제로 공개 강연을 했다고 합니다. 마지막 열매의 씨가 이듬해 봄에 새싹이 되어 땅을 밟고 일어서는 석과불식의 지혜로 진정한 희망 찾기에 나서야 한다는 것입니다.

신영복 교수의 '씨앗이 숲을 이루는 가슴 벅찬 상상과 사람을 키우는 일'이라는 말은 제가 지금 무엇을 해야 하는지 깨닫게 하는 글이었습니다. 담론의 문구를 인용해 봅니다.*

'씨 과실을 먹지 않는 것은 지혜이며 동시에 교훈입니다. 씨 과실은 새봄의 새싹으로 돋아나고, 다시 자라서 나무가 되고, 이윽고 숲이 되는 장구한 세월을 보여줍니다. 한 알의 외로운 석과가 산야를 덮는 거대한 숲으로 나아가는 그림은 생각만 해도 가슴 벅찹니다. 역경을 희망으로 바꾸어 내는 지혜이며 교훈입니다.'

'사람을 키우는 일이야말로 그 사회를 인간적인 사회로 만드는 일입니다. 사람은 다른 가치의 하위 개념이 아닙니다. 사람이 '끝'입니다. 절망과 역경을 사람을 키워 내는 것으로 극복하는 것, 이것이 석과불식의 교훈입니다. 최고의 인문학이 아닐 수 없습니다. 욕망과 소유의 거품, 성장에 대한 환상을 청산하고, 우리의 삶을 그 근본에서 지탱하는 정치, 경제, 문화의 뼈대를 튼튼히 하고, 사람을 키우는 일 이것이 석과불식의 교훈이고 희망의 언어입니다.'

돌이켜보면 과하게 욕심을 부렸던 날들이 많았습니다. 좋은 사람들을 사귀고, 많은 곳을 여행하고, 더 많은 지식과 더 많은 부를 축

---

* 신영복 지음, 『담론』, 돌베개, 2015

적하고 싶었습니다. 신영복 교수의 '담론'을 논하지 않더라도 이젠 그런 것들이 모두 제가 뿌린 씨앗이 자라서 열매를 맺는 것이라는 사실을 알게 됩니다.

10대에 뿌려놓은 씨앗이 자라 20~30대를 이루고, 20~30대에 뿌려놓은 씨앗이 자라 40대의 삶이 됩니다. 인격적으로 얼마나 성숙해 있는지, 지식은 얼마나 쌓았는지, 주변과의 관계는 어떤지, 금전적으로는 만족할만한 수준인지 등 모든 것이 제가 뿌린 씨앗이 자란 결과입니다.

반성의 시간입니다. 부족하거나 만족스럽지 못한 것들은 모두 스스로가 초래한 결과입니다. 젊은 시절 근시안적으로 인간관계를 맺었고, 능력 밖의 것들에 대해 욕심을 부리기도 했습니다. 자기를 돌아보는 것에 게을렀습니다. 지금부터라도 스스로 받아들이고, 밭을 가꾸고 씨앗을 뿌리면 머지않아 무럭무럭 나무들이 자라듯 부단히 성장해 가리라 믿습니다.

사실 저는 신영복 교수의 '늦가을 감나무 그림'을 볼 때면 펄벅(Pearl S. Buck) 여사가 한국인에게 인상적이었던 '까치밥과 소달구지' 일화가 떠오릅니다. 감나무에 감을 다 따지 않고 남겨둬 그 이유를 물어보니, '까치밥'이라는 것입니다. 까치도 먹고 살아야 한다는 것이지요. 또 다른 일화는 농사일을 마치고 집으로 돌아가는 농부가 소달구지에 짐을 모두 싣지 않고 지게에 나눠가는 모습입니다. '소도 종일 일을 했으니 힘이 든다'라는 것이지요. 주변과 더불어 살아가는 마음의 실천이 아닐까 싶습니다.

더불어 숲

신영복 교수님의 '더불어 숲'을 읽고 있습니다.

나무들의 이야기입니다. '우리 더불어 숲이 되자'

더불어 숲이 되기 위해서는, 숲속에는 다양한 나무들이 어울려 살아가듯 상대방을 있는 그대로 존중하는 것이 중요합니다.

사람에 대한 신영복 교수님의 생각은 아래와 같습니다.*

'사람과 사람의 관계는 일찍부터 정성을 기울이지 않으면 언제나 후회하게 되는 것임을 잊지 말아야 한다'

---

* 신영복 지음, 『더불어숲』, 돌베개, 2015

살면서 맺은 인연

친구에 대한 생각

요즘 문득 드는 생각이 친구입니다.

고전에 관포지교(管鮑之交)나 백아절현(伯牙絶絃)이라는 말이 생긴 이유는, 그만큼 인생에 친구라 얘기할 만한 사람을 얻기가 어렵기 때문이 아닌가 싶습니다.

한 사람을 얻으면 성공한 인생이라는 것이지요.

하버드에서 70년 동안 추적 연구한 결과 행복은 '전적으로 신뢰할 만한 동료(친구, 배우자 등)'가 있는지에 따라 갈린다고 합니다.

행복의 첫 번째 조건이 친구라는 것이며, 충분히 공감하는 내용입니다.

그런 면에서 저는 누군가에게 진정한 친구가 되어주고 있는가 자문하게 됩니다. 쉽지 않습니다.

잠실 산책

 학창시절엔 친구들과 산책을 즐겼습니다. 식사를 하러 일부러 먼 곳까지 걸어갔다 오기도 했고, 점심을 먹고 습관적으로 교정을 한 바퀴 걷기도 했습니다. 가끔은 뒷산 언덕에 올라 낙조를 바라보며 땀을 식히기도 했고, 민들레 피고 홀씨되어 날아다니던 너른 운동장 벤치에 오래도록 앉아 이야기를 나누기도 했습니다.

 자주 만나던 *은은 국회에서, *철은 국책은행에서, *희는 국제기구에서, *호는 정부에서, *태는 학교에서 제각기 역할을 하며 살아가고 있습니다. 돌이켜보면 미래에 대한 막연한 자신감과 두려움이 혼재했던 시절입니다. 학교를 떠난지 벌써 20년 가까이 시간이 흘렀습니다.

오늘은 잠실에 사는 호와 강변길을 걷습니다. 자전거를 타거나 산책을 즐기는 사람들이 많습니다. 강둑에 앉아 얘기꽃을 피우는 사람들도 있습니다.

강을 따라 동쪽 방향으로 한참을 걸어가다 '너무 멀리 온 건가?' 하는 생각이 미칠 즈음 돌아섭니다. 특별한 얘기를 주고받는 것은 아니지만 호와의 산책은 편하고 즐겁습니다.

돌아가야 할 것을 알면서도 끝없이 난 길을 따라 더 걷고 싶은 욕심이 생기고, 또 돌아오는 길은 이내 종착점에 이르지나 않을까 조바심이 납니다. 편한 친구라는 것이 이런 것일까요? 꽤 오래 함께 걸어도 아쉬움이 남습니다.

 가끔 죽음을 일컫는 '돌아감'이라는 것이 어쩌면 이런 의미가 아닐까 생각하기도 했습니다. 호가 있어 행복한 저녁입니다.

호가 근에게,
근이 호에게

1. 호가 근에게, 첫 번째

근아. 삶에 대한 생각을 많이 한다. 우리가 이제 사회생활 20년 정도 남았다. 우리 세대는 교육과 성취가 인생의 목표로 살아왔다. 그러니 놀고 있으면 불안하다. 성취가 있어도 불안하다. 항상 더 잘하기 위해 살아가는 input 세대다. 보다 릴랙스(relax)하고 자기 자신을 사랑하기 위해서는 어떻게 해야 할까? 삶은 성취가 아닌 여정인데 말이다.

나는 동태 눈깔로 빨리 퇴근하는 재미로 살고 싶지 않다. 부모의 트로피로 사는 삶도 싫다. 그렇다고 돈을 좇는 것도 바라지 않는다.

돈이 인생의 문제를 해결해 주지 않는다는 것을 나는 잘 안다. 성취하는 삶은 내가 그나마 잘 할 수 있을 삶인 것 같지만 원하는 길은 아니다. 내가 진짜 하고 싶은 게 뭔지, 내가 어떻게 하루를 보내야 나 자신에게 가장 자연스러운지를 생각해야 할 것 같다. 자연스럽다는 말은 너무 큰 극찬이지? 자연과 비슷해 보인다니 내게 너무 크게 느껴진다.

나는 예민한 사람이기에 다른 사람들에게 까다로웠을 것이다. 그걸 인지하든 아니든 간에 너는 어떻게 살아갈 거냐? 네 인생의 좌우명은 뭐니? 뭐할 때 가장 행복하고 너답다고 생각하니? 니 생각을 듣고 싶네 그려.

2. 근이 호에게, 첫 번째

(꿈꾸는 삶)

 니 글을 보니 비슷한 생각과 비슷한 결론을 내리고 있구나 싶다. 요즘 아버지가 자식에 대한 불만이 많다. 왜 그럴까 싶어 곰곰이 생각을 해 보니 미래에 대한 꿈이 없구나 싶더라. 주변에 커가는 손자 손녀가 잘 되길 바라는 마음, 스스로 하고 싶은 일 등이 있어야 하는데 자식은 떨어져 있어 외롭다, 돌보지 않는다 싶으니 화나고 힘드신 듯. 나이 80, 100에는 어떤 꿈과 미래를 그려야 할까 싶다만 김형석 교수의 강의가 나름 도움이 되는 듯.

(자연적인 삶)

 나는 신영복 교수의 글이 참 좋다. 읽고 또 읽는다. 니도 그분이 사색으로 파 놓은 인간 내면의 깊이를 이해하려 하면 삶에 도움이 많이 될 듯 싶다. 도가의 무위자연(無爲自然). 도를 알 수 없고, 진리를 볼 수 없지만 가장 가까운, 주변에서 볼 수 있는 것이 물이라는군. 그래서 상선약수(上善若水)라는데, 이롭고, 다투지 않고, 낮은 곳으로 흘러간다는.

(좌우명은)

10대부터는 반성은 하되 후회는 하지 않는다. 용기 있는 삶을 살아간다. 용기에 대해서는 할 말이 더 있는데, 우리 집 벽에 있던 호랑이 그림에 짧은 글이 체화된 듯. 선택의 순간에 명분과 실리를 함께 고민한다. 명분이 없으면 공감대를 형성하기 어렵고, 실리가 없으면 스스로 추진력이 떨어진다.

희망이 달아날지라도
용기마저 놓쳐서는 안 된다.
용기야말로 인간이 가진 특성 중
행복에 도달하는 데 꼭 필요한 것이다.

(행복)

행복과 관련된 글, 책, 동영상 등등을 자주 본다. 스스로 행복해지고픈 노력이지. 유튜브에 '플라톤 아카데미' 강의가 몇 편 있어, 거기 김상근, 최인철, 황농문 등 좋으니 함 보시길.

소개해 줬던가? '리더는 마지막에 먹는다' 책에 소개된 네 가지 행복 호르몬. 엔도르핀, 도파민, 세로토닌, 옥시토신. 또, 스트레스 호르몬인 코르티솔. 이걸 이해하고 나니 개인과 주변을 어떻게 대하고 받아들여야 할지 폭이 좀 넓어졌어. 나름 행복에 대해서는 이론적으로 정리가 되어있는 것 같아.

(나다움)

 변화를 받아들이는 삶. 아주 중요해. '진인사대천명'의 다른 해석에 관해 얘기한 적 있던가? 죽는 순간까지 인격적으로 성장하는 삶. '인격수명'에 대해 얘기한 적 있었던가?

 주변과 함께 행복하려고 노력하는 삶. 조선 500년 역사에 선비라 불리는 사람이 적은 이유는 자리나 명예, 권력과 부를 좇아간 사람들이 대부분이었기 때문이라는군. 백성을 위하고 과정에 충실한 삶을 살아온 사람들이 그렇게 기억된다고.

(지금)

 현재에 충실하고, 감정에 충실하되 미래를 그린다. 현재는 변화 속에 있으니 스스로 고정된 형태를 규정할 필요가 없다. 고민하고, 힘들어하는 삶 자체가 성장하는 과정이라 받아들인다.

3. 호가 근에게, 두 번째

 삶은 여정이고 경쟁과 성취가 아니다라고 생각하면서 나에 대해 관대해져 간다. 이게 요즘 큰 변화다. 나에 대해 관대해지니 다른 사람을 돌볼 수 있는 여유가 생긴다. 그리고 다른 사람의 내면을 보고 싶어진다. 우리 아버지가 나한테 많이 가르치고 싶어 하신다. 자식을 계속 채찍질하시는 거지. 잔소리지만 당신이 그렇게 살기 때문에 반박할 수도 없다. 그런데 최근 문자에 '내가 왜 맨날 가르치려 하는지 모르겠다'라고 말씀 주셨는데 나한테 참 가슴 깊게 다가온다.

 우리 아버지가 나이 들어서 더욱 성숙해져 가는구나. 어릴 때 못 먹고 커서 자수성가하신 분이라 시간 관리나 불굴의 의지는 보통 사람이 아닌 분이다. 언제나 본인을 한계에 밀어 넣는 분이고 자식도 그러길 바라는데 이제 드디어 관계에 대해서도 깊이 고민하시는 것 같아 감격스러웠다. 일도 그렇다. 결과에 매몰되면 사람이 안 보인다. 같이 가는 과정이라 생각하면 서로가 동반자로서 성숙해져 간다.

인생의 종착은 죽음이지만 삶의 과정은 공유하고 영향을 미친다. 내가 우리 부모님 덕택에 서울로 왔고 우리 애는 나로 인해 미국 생활의 경험을 얻는다. 이렇듯 인생은 바통(baton) 터치된다. 내가 내 딸에 좋은 헤리티지(heritage)가 되었으면 한다. 내가 내 지인과 동료들에게 좋은 인플루언서가 되고 싶다. 일을 하게 되면 말하는 사람이 아니라 듣는 사람이 되는 것부터 시작하려 한다. 편안한 사람이 되지 않으면 상대가 말하려 하지 않는다. 공격성을 없애고 편안해지자. 이게 고민 끝에 나온 내 첫 번째 인생 목표야.

4. 근이 호에게, 두 번째

지난번 작가 '김용'의 사망기사가 났을 때, 니가 초등학교 때 읽은 책에 관해 얘기한 적이 있어. 너는 어릴 때부터 책을 많이 읽었구나, 상황판단이 빠르고 습득력이 뛰어나구나 싶었다. 대학원 다닐 때도 업무 능력이 탁월해 사회생활 하면 직업적으로 성공하겠구나, 생각했다. 또 그러한 이유로 우리 사회에서 부족하지 않은 삶을 살아가겠구나 싶었다.

머리 좋은 김기춘, 우병우의 겨우 법조인으로 살아가면서 방향을 그르쳐 오늘날 '사회악'으로 평가받는다. 순간순간 충실한 삶을 살아왔을 테지만, 시대가 변해가는 걸 읽어내지 못한 탓이 아닐까 싶다. 공동체 속에 살아가면서 시대를 관통하는 철학적 사유가 있어야 하지 않나 싶다. '정의'라는 가치도 시대 상황에 따라 변하지만, 거대담론이 아니어도 스스로 품고 살아가는 원칙이 중요하겠지.

니가 고민하는 것이 '자연스러움'을 어떻게 찾고 실천할까? 라는 게 아닌가 싶네. 니 글의 '자연', '과정', '공동체', '선한 영향력', '세대에서 세대로 이어지는 지속성과 발전', '공격성을 제거한 편안함' 등의 키워드에서 전해지는 건 어쩌면 도가에서 얘기하는 '상선약수'가 아닐까? 내가 글로 이해한 걸 너는 스스로 깨달았구나 싶다.

부모에서 자식 세대로 이어지는 것은 마치 물줄기가 아래로 흘러가는 것이고, 흘러가는 방향이 다르니, 다다르는 곳도 다르겠지. 네 조상으로부터 이어온 물줄기가 지금 네가 미국까지 와 있는 흐름을 만들어낸 것이 아닐까? 흐르는 방향대로 흙탕물을 만나 흐려지기도 하고, 잔잔히 맑고 깊게 흘러갈 수도 있겠지. 그런 과정에서도 다투지 않고 더 큰 물줄기로 서로를 포용하며 흘러가니, 너와 내가 전혀 다른 물줄기로 흐르다 잠시 만나고 있는 것이겠지.

주변에는 벌써 비슷한 물들이 모여 있으니 나는 나 대로 잔잔히 흘러가면 그것 자체로 주변과 어울리는 삶이 되지 않을까 싶기도 해. 분명한 것은 우리는 삶이 유한하다는 것이고, 그 속에서 뭔가 의미를 찾으려 노력하며 사는게 아닐까? 죽음을 맞이하는 순간에 아쉬움이 남지 않도록 말이지.

나의 일상은, 니가 던지는 메시지는 충분히 공감하고, 또 나도 그리 살아가리라 생각한다. 어린 시절 공부를 제대로 해 본 적이 없어서 사람들과 어울리기를 좋아했고, 등산을 좋아했다. 나이 서른이 되면서 좀 더 좋은 대학을 나오지 못한 것이 아쉬웠고, 경쟁 속에 몰린 스스로가 안타까웠다. 적당한 선에서 주변과 어울리면서 살아가면 좋았을 인생인데, 괜히 서울까지 흘러왔나 하면서 말이지.

나이 마흔이 되고 보니 아버지가 '돈의 의미 없음'에 대해 충분히 가르치셨고, '잘나고 못남이 없음'에 대해서도 충분히 가르치셨구나 싶다. 당신이 그러지 못하셨기 때문이기도 하지만, 농부라는 천직을 게으르지 않게 수행해 오셨고, 돈의 많고 적음이나 지식의 깊고 얕음이 아니라 삶의 성실성으로 자식들에게 인생을 보이셨다.

어린 시절엔 내가 바꿀 수 없는 부모의 직업이나 환경, 주변 여건을 탓하기도 했지만, 지금은 그런 모든 것들이 나를 만들었고 스스로 단단해 져 간다고 믿는다. 주변과의 비교도 웬만하면 하지 않으려 한다.

어제 저녁 딸아이가 친구랑 통화하며 한참 동안 숨넘어가듯 웃는 소리를 문밖에서 들었다. 내 어린 시절이 그랬다. 게임을 좋아했고, 친구랑 놀기를 좋아했다. 고등학교 넘어갈 즈음 스스로 인생을 고민하게 될 것이고, 불안한 미래에 대해서도 깊이 생각하게 될 것이다. 가끔 고독을 즐길 테고, 여행도 좋아하리라.

그러는 사이 내면이 강한 아이로 성장해 갈 것이라 믿는다. 나도 아직 성장 과정을 지나고 있는 것이고, 죽는 순간까지 그러하겠지만 딸 아이도 주변을 덤덤히 받아들이며 살아가리라 믿는다.

최근 몇 해 주역, 사기, 십팔사략 등 고전 강의를 들었다. 고전이 주는 삶의 교훈이 너무 커서, 지금은 한자 공부를 좀 하고 싶다는 것, 내면을 다듬어야겠다는 것, 붓글씨를 써보면 좋겠다는 생각을 한다.

'관해난수(觀海難水)'라는 말이 있다. 바다를 본 사람은 물을 함부로 얘기하지 않는다. 큰 깨달음을 얻은 사람은 사소한 것에 동요하지 않는다는 정도로 해석이 가능하다. 너는 미국 생활을 하면서 내가 깨닫지 못한 것들을 느끼고 있을 것이다. 인생에 대해서도 세상 변해가는 흐름에 대해서도.

나도 노동조합 간부를 하면서 주변 사람을 볼 기회가 주어졌다. 그 덕에 세상 살아가는 다양한 사람들을 보게 된다. 고마운 인생이지. 너나 나나 비슷한 물에서 흘러가고 있으니 이렇게 인연이 되었으리라. 각자 가는 길에서 서로 편하게 생각을 공유할 수 있으면 좋겠다. 그것이 서로에게 선한 영향력을 미치리라 믿는다. 니가 있어 고맙다.

오늘의 여운을 되새기며

서울은 낮에 소나기가 지나갔습니다. 더위가 조금 누그러지긴 했지만, 방에 앉았으니 땀이 흐릅니다. 잠시 오늘의 여운을 되새겨 봅니다.

북경으로 발령 난 회사 동료 K가 있어서, 저녁을 같이 먹고 청계산 산책을 잠시 합니다. K를 알았던 건 더 오랜 과거의 일일지 모르지만, 가깝게 지낸 지는 5년 정도 됩니다. 사람을 대하는 태도가 진실되고, 상대를 배려하는 마음이 깊어 스스로 반성하도록 만들었던 분입니다. 신영복 교수의 '양심적인 사람'에 꼭 어울리는 사람이 아닐까 생각해 봅니다.

신영복 교수는 지식인이 갖추어야 할 품성을 한 가지만 말하라고 하면 '양심적인 사람'을 꼽습니다. 양심은 다른 사람을 배려하는 인간학일 뿐 아니라 그 시대와 그 사회를 아울러 포용하는 세계관이기 때문이라는 것이지요.

　담론의 내용을 조금 더 인용해 봅니다.* 60년대 민주화운동을 하고, 20년이 흐른 후 그때의 사람들을 다시 만나니 정치인, CEO, 교수 등 각자의 길을 걷고 있는 사람이 대부분이었다고 합니다. 치열했던 과거의 모습들이 아득한 비현실로 다가왔더랍니다. 그런데 꾸준히 그 길을 지키고 있는 사람도 있었는데, 자신의 이념이나 사명감 때문이 아니라 친구들의 권유를 외면한다면 두고두고 양심의 가책으로 남을 것 같아서 함께한 사람들이랍니다.

　'양심적인 사람은 우리 사회에서 차지하는 위상이 낮거나 부정적이기까지 합니다. 양심적인 사람이야말로 가장 강한 사람이며 가장 인간적인 사람이 아닐 수 없습니다.'

　K는 영국 유학을 갔다 적응하지 못하고 1년도 채 되지 못해 돌아온 트라우마가 있어서 중국을 가는 것도 걱정합니다. 영국 유학길

---

* 신영복 지음, 『담론』, 돌베개, 2015

에 올라 고독을 이겨내지 못했던 이후부터 스스로 삶의 궤도가 많이 달라졌다고 합니다.

중국으로 떠나기 전 마지막 식사와 산책이 될지 모릅니다. 좋든 싫든 현재의 삶에 충실해야 하는 우리이기에 그저 떠나가는 것을 아쉬워하면서도 오늘 마주 앉은 찻집에서 3년 후 환영회를 하자며 다시 만날 날을 미리 기약합니다.

엊그제 모 선배로부터 전달받은 정호승 시인의 '풍경달다'라는 시

를 읽어봅니다. 오랜만에 만나 소주잔을 기울이며 불안한 마음을 전했더니, '늘 편안한 영근이가 되기를... 릴랙스하고^^' 라는 짧은 문자와 함께 전달된 시입니다.*

정호승 시인의 '풍경달다'

운주사 와불님을 뵙고 돌아오는 길에
그대 가슴의 처마 끝에 풍경을 달고 돌아왔다
먼 데서 바람 불어와 풍경소리 들리면
보고 싶은 내 마음이 찾아간 줄 알아라

  시를 찬찬히 보니, 어쩌면 정호승이란 사람이 운주사를 가서 마음 속에 담고 있는 한 사람을 떠올린 게 아닐까 상상해봅니다. 그리고, 그 멋진 풍경과 오버랩(overlap)하는 누군가에게 보고 싶은 마음을 전하려고 시를 썼으리라 추측해 봅니다. K에게 이 시를 읽어주고, 또 우리의 마음이 이와 같으리라 전해봅니다. 짧게 살다가는 인생이라 모든 것이 꿈같이 사라지겠지만, 무엇이 오래 기억될까 싶습니다.

---

* 정호승 지음, 『외로우니까 사람이다』, 열림원, 1998

내몽고 여행

1. 내몽고 여행을 준비하며

 새벽부터 분주합니다. 형이 주문한 책이며, 사소한 선물들로 가방을 채웁니다. 여벌 옷은 많이 준비하지 않습니다. 5월에 북경을 들렀다 두어 달 만에 다시 찾았습니다. '올해 여름에 내몽고 초원을 같이 다녀오자'고 했던 약속 때문입니다.

 형에게 신세 지는 것 같아 죄송한 마음이 큽니다. 또 한편으로는 자주 만나지 못하니, 형에게 사소한 것이라도 챙겨주고 싶은 마음이 있습니다.

점심나절에 공항으로 마중 나온 형을 만납니다. 몇 개월의 시간이 흘렀지만, 어제 본 듯한 익숙함이 느껴집니다. 간단히 점심을 먹고 어디를 갈까 상의를 합니다. 많은 곳을 바쁘게 둘러보고 싶지는 않습니다. 편하게 형과 산책하거나 얘기를 나눌 수 있으면 족합니다.

저녁 일정을 염두에 두고, '십찰해'라는 호수에서 산책합니다. 소나기가 내려 비를 피해 잠시 나무 그늘 아래 서 있기도 합니다. 커다란 분홍빛 연꽃이 봉우리를 빼 올렸습니다. 보트를 타거나 수영하는 사람들이 간간이 눈에 띕니다.

십찰해 호수를 천천히 한 바퀴 걷습니다. 자주 만나지는 못해도 서로의 일상을 인터넷으로 공유하고 있는 탓에 오랜만에 얼굴을 마주한다고 해서 특별히 주고받을 얘기는 딱히 없습니다. 물고기를 얼마나 잡았나 궁금해하며 낚시하는 사람들의 어망을 들여다보기도 합니다. 장기를 두거나 탁구 치는 사람들을 물끄러미 바라보기도 합니다. 사소한 얘기를 주고받으며, 혹은 그저 서로에 대한 약간의 배려를 느끼면서 무심히 걷습니다.

소나기를 뿌리기도 했던 비는 줄기가 가늘어지더니 이젠 안개처럼 뿌옇게 흐려졌습니다. 땀을 식힐 겸 호숫가 찻집에 앉아 시원한 커피를 한잔 마십니다. 특별한 장소에서 특별할 것 없는 일상처럼 느껴지는 오늘이 즐겁습니다.

저녁에 R과장이 합류합니다. 북경에서 근사한 저녁을 먹습니다. 회사 이야기를 나누기도 하고, 중국의 서쪽 여행 얘기를 나누기도 합니다. 식당에서 우리 셋은 오늘을 기념해 사진을 남깁니다. 짧은 저녁이라 아쉬움이 남습니다.

2. 북경발 내몽고행 밤기차에서

평생 노화를 연구해 온 박상철(70) 전남대 석좌교수의 노화 연구에 관한 얘기입니다. 젊은 세포와 늙은 세포에 자외선을 쪼이거나 화학물질을 처리하는 등 동일한 자극을 주는 실험을 합니다. 자외선도 쏘이고, 화학물질 처리도 합니다. 저강도 자극에서는 차이가 없었지만, 고강도 자극에서 젊은 세포는 반응하다 죽고, 늙은 세포는 죽지 않았습니다.

반복된 실험을 통해 내린 결론은 '노화는 증식을 포기한 대신 생존을 추구한다'라는 것이며, 노화는 죽기 위한 과정이 아니라 살아남기 위해 최선을 다하는 과정이라는 것입니다. 생명은 죽기 위해 태어난 것이 아니라, 살기 위해 태어난 존재이기 때문에 노화 과정을 긍정적으로 보고, 당당하게 늙음을 맞이해야 한다고 주장합니다.

밤 기차를 타고 북경에서 내몽고로 갑니다. 침대칸 열차에 기대어 캔맥주를 한 잔씩 마시며 늦게까지 얘기를 나눕니다. 창밖으로 살짝살짝 들어오는 빛에 의존하여 서로의 얼굴을 마주합니다. 덜컹거리는 소리가 리듬을 맞추는, 낮은 배경음악처럼 들립니다. 좁은 공간에서의 마주함은 친밀도를 높이기에 제격입니다. 진지하거나 가벼운 주제로 우리들의 얘기는 잠이 쏟아져 버티기 힘든 순간까지 이어집니다.

뒤척거리는 사이 창밖이 밝아옵니다. 차창 밖으로 떠오르는 태양을 카메라에 담습니다. 낮은 언덕의 민둥산과 들판이 끝없이 이어져 있습니다. 잠이 든 당신들의 얼굴에서 젊은 날의 싱그러움은 서서히 지워지고 있음을 느낍니다. 물론 당신들도 저의 얼굴과 외모를 보며 비슷한 생각을 하고 있을지 모릅니다. 박상철 교수의 말처럼 노화의 과정이 생명을 소중히 지키는 과정이라 하니 귀하게 인연을 이어가며 살아가면 좋겠습니다.

기차가 달리는 사이 날이 밝아옵니다. 승무원은 일일이 커튼을 열어젖힙니다. 침대칸 기차에 기대어 누운 채 창밖으로 스치는 풍경을 한참 바라봅니다. 서서히 안개가 걷히니 들판의 초록이 짙어 옵니다.

3. 내몽고 초원에서의 낮과 밤

호화호특(呼和浩特) 기차역에 내립니다. 역이 얼마나 큰지 '대륙의 클라스'가 이런 건가 싶습니다. 형은 비효율, 낭비라고 얘기를 합니다.

첫 번째 목적지는 국립내몽고박물관입니다. 오픈 시간까지 여유가 있어 근처 아파트단지를 산책합니다. 아침이라 사람들이 분주합니다.

내몽고박물관을 잠시 둘러봅니다. 중국 내에서 공룡화석이 가장 많이 발굴된 곳이라고 합니다. 큰 규모에 비해 구경할 만한 것은 많지 않습니다.

내몽고 '시나무런' 초원으로 이동합니다. 푸른 하늘의 구름과 초록의 대평원이 대조를 이루며 끝없이 펼쳐져 있습니다. 어쩌면 인생에서 시공간적으로 다시 올 수 없는 순간이란 생각이 머리를 스칩니다. 어린 시절 보았던 영화 '늑대와 춤을(Dance with wolves)'에서의 몬타나(Montana)주 초원을 늘 동경해 왔었는데,

이곳의 초원과 비슷하지 않을까 생각해 봅니다.

내몽고 부족민들이 신년에 건강과 안녕을 기원하는 오보산 정상에 서서 경건한 마음으로 주변을 둘러봅니다. 저도 잠시 무언가 소망을 빌어봅니다. 사방으로 펼쳐진 끝없는 푸르름에 감탄을 하면서도, 하얀색 건물의 상업화된 게르(Ger)는 초원의 푸르름과 상반된 인상을 줍니다.

저녁 식사를 하고 초원 정상 방향으로 일몰을 보러 갑니다. 언덕은 또 다른 언덕으로 완만히 이어져 있습니다. 동서남북을 구분하기가 어렵습니다. 단지 검붉게 하늘을 태우며 사라지는 태양이 잠시 머물렀던 곳이 서쪽임을 알립니다. 동쪽 끝 어디에도 붉은빛이 감돌다 사라집니다.

이제 어둠이 내리고 별들이 하나둘 하늘을 채워옵니다. 금성을 필두로 밝은 빛의 별들이 반짝이는 동안 하얗게 은하수가 내립니다. 백조가 은하수 사이를 날아갑니다.

마음은 동심으로 흘러갑니다. 어머니는 채소장사를 했습니다. 장사를 마치고 밤늦게 돌아오는 경우가 많았습니다. 혼자 손수레를 끌고 돌아오는 어머니를 배웅하러 한참을 걸어갔던 기억이 있습니다. 밤하늘의 수없이 많은 별을 올려다보며 신비로운 감정에 젖어들곤 했었습니다. 알퐁스 도데의 별이 떠오르기도 했고, 윤동주의 별 헤는 밤이나 서시가 떠오르기도 했습니다.

시간이 흐르면서 바람이 차가워지고 점차 체온이 떨어집니다. 풀숲에 누우면 이슬에 몸이 젖을 것 같아 흙길에 누워 하늘을 올려다봅니다. 두 마리의 말이 깜깜한 밤임에도 불구하고 곁을 어슬렁거립니다. 우리가 그들의 영역에 잘 못 들어왔음을 시위라도 하는 듯 합니다.

동녘에 달이 떠오릅니다. 보름을 며칠 지난 탓인지 달이 조금 기울어가고 있습니다. 달이 떠오르니 은하수가 흐려집니다. 초원에서 달이 떠오르는 것을 보는 경험은 처음입니다. 다시 없을 경험일지 모릅니다. 달빛 탓에 별빛이 흐려진 데다, 추위를 감당하기 어렵다는 핑계로 얼른 숙소로 돌아옵니다.

어느 콘서트에서 윤형주 가수가 낭송한 윤동주 시인의 '별 헤는 밤'을 떠올려 봅니다. 윤형주는 윤동주를 사촌 형으로 소개를 했고, 차분하게 낭송하던 그의 목소리는 마음 깊숙이 각인되어 있습니다.

윤동주 시인의 '별 헤는 밤'

계절이 지나가는 하늘에는 가을로 가득 차 있습니다
나는 아무 걱정도 없이 가을 속의 별들을 다 헤일 듯 합니다

가슴속에 하나 둘 새겨지는 별을 이제 다 못 헤는 것은

쉬이 아침이 오는 까닭이요

내일 밤이 남은 까닭이요

아직 나의 청춘이 다하지 않은 까닭입니다

별 하나에 추억과

별 하나에 사랑과

별 하나에 쓸쓸함과

별 하나에 동경과

별 하나에 시와

별 하나에 어머니 어머니

어머님 나는 별 하나에

아름다운 말 한마디씩 불러 봅니다

소학교 때 책상을 같이했던 아이들의 이름과

패 경 옥 이런 이국 소녀들의 이름과

벌써 애기 어머니 된 계집애들의 이름과

비둘기 강아지 토끼 노새 노루 프랜시스 잠

라이너 마리아 릴케 이런 시인의 이름을 불러봅니다

이네들은 너무나 멀리 있습니다

별이 아스라이 멀듯이 어머님

그리고 당신은 멀리 북간도에 계십니다

나는 무엇인지 그리워 이 많은 별빛이 내린 언덕 위에

내 이름자를 써보고 흙으로 덮어 버리었습니다

딴은 밤을 새워 우는 벌레는 부끄러운 이름을 슬퍼하는 까닭입니다

그러나 겨울이 지나고 나의 밤에도 봄이 돌아오면

무덤 위에 파란 잔디가 피어나듯이

내 이름자 묻힌 언덕 위에도 자랑처럼 풀이 무성할 게외다

4. 내몽고 초원에서 쿠부치 사막으로

(초원에서의 일출)

　새벽 일찍 형이 맞춰 놓은 알람이 울리는 소리를 듣습니다. 몸은 움직이지 않고 못 들은 척 누웠습니다. 시간이 얼마 지났을까요? 형이 일출을 보러 가자며 깨웁니다. 잠시 망설이다 얼른 일어납니다. R 과장은 잠이 부족한지 더 누워있겠다고 합니다.

　숙소 뒤쪽으로 난 길을 따라 언덕 방향으로 향합니다. 동쪽 하늘

은 벌써 붉은 기운이 감돕니다. 일출을 기다리는 사람들의 모습은 붉은 배경에 검은 형상을 그려놓은 듯 신비스럽습니다.

언덕에 올라서서 해 뜨는 쪽을 바라봅니다. 한 무리의 소 떼가 어둠 속에 풀을 뜯으러 이동하고 있습니다. 잠시 적막이 흐릅니다. 해가 떠오름과 동시에 빛을 타고 산들바람이 불어옵니다. 묘한 기분이 듭니다. 하늘은 붉은빛이 감돌고 초원은 하얗게 내린 이슬 탓에 솜다리 색을 띱니다.

우두커니 서서 해 뜨는 모습을 바라보다, 언덕에서 언덕으로 이어진 소로를 따라 먼 곳까지 한참을 걸어갑니다. 검붉은 하늘은 푸르름으로 이내 변합니다. 주변은 이슬이 사라지면서 초록의 빛깔이 선명해집니다. 초원에서의 일출을 다시 볼 수 있을까요? 짧은 순간이지만 기억 깊이 각인될 것입니다.

(쿠부치 사막)

아침으로 삶은 달걀을 먹고 쿠부치사막으로 이동합니다. 초원 주변 농토에는 유채꽃이 만발했습니다. 감자, 옥수수도 꽃을 피웠고, 해바라기는 아직 줄기가 더 자라야 할 듯싶습니다.

낮은 언덕 혹은 지평선까지 펼쳐진 들판의 모습은 아주 인상적입니다. 키 큰 미루나무가 길게 뻗은 도로를 한참 동안 달립니다. 북경에서 느끼지 못했던 중국에 대한 막연한 동경심이 생기며, 언젠가 대륙을 한 바퀴 둘러보고 싶다는 욕심이 생깁니다.

사막을 향해 달리는 동안 음산산맥이 오른편에 길게 이어져 있습니다. 바위산이라 익숙하지 않습니다. 울룩불룩 솟은 산들이 묘하게 어우러져 있습니다.

쿠부치사막의 첫인상은 초원에서의 감동에 비해서는 약합니다. 사막 한가운데로 이동해 낙타체험을 하고, 사막을 달리는 자동차를 타기도 합니다. 새로운 경험입니다.

돌아오는 길에 황하대교를 지나다 카메라를 꺼내어 황하강을 사진에 담습니다. 가끔 범람하는 이유로 강폭은 수키로에 달한다고 합니다. 물은 황토색입니다. 끝없이 펼쳐진 평야를 몇 시간째 달려옵니다. 저녁으로 훠궈를 먹습니다. 짧은 일정이지만 알찬 여행이었습니다. 돌아오는 기차에서 내내 행복한 기억이 가득합니다.

5. 북경에서의 마지막 하루

 밤차를 타고 북경으로 오는중 새벽에 잠을 설칩니다. 수많은 꿈이 머리를 맴돌다 사라집니다. 아버지의 어린 시절 이야기도, 권력을 쥔 사람과 독대하는 상황도, 스스로 방황하는 모습도 꿈속에 잠시 머물렀다 갑니다. 좀처럼 꿈을 꾸지 않았었는데, 알 수 없는 묘한 기분이 듭니다.

 창밖은 벌써 아침이 밝았습니다. 장자커우시(张家口市)에서 북경으로 들어오는 기차는 협곡을 지납니다. 창밖으로 비치는 산과 계곡이 아름다워 몇몇 풍경을 카메라에 담습니다. 북경역에 도착할 즈음 오늘 일정을 미리 세웁니다. 형은 시내에서 시간을 보내는 것보다 멋진 풍경을 보여주고 싶었던 모양입니다.

 형은 지난 5월에 일정상 가보지 못했던 용경협과 팔달령 장성을 가자고 제안합니다. 도시보다 자연을 좋아하는 저에 대한 배려입니다. 고마운 마음입니다.

 북경에 도착해 간단히 샤워하고 용경협으로 향합니다. 멋진 풍경에 비해 관광객은 그리 많지 않습니다. 사람들은 배를 타고 한참 올라갔다, 아래로 걸어 내려오며 구경을 합니다. 우리는 그냥 올라갔던 배를 타고 다시 내려옵니다. 내려오는 배는 선장과 안내원 그리고 우리 둘뿐입니다. 서로 '배를 한 척 전세 냈다'라며 분위기를 즐깁니다.

다음으로 팔달령 인근의 만리장성을 갑니다. 만리장성은 와본 경험이 있어 만족감은 크지 않습니다. 가파른 계단을 천천히 오릅니다. 망루에 올라 바람을 맞으며 한참을 서 있습니다. 계단을 좀 더 오르다 중간 어디쯤 멈춰 땀을 식힙니다.

사람들은 우리가 선 곳을 지나쳐갑니다. 만리장성의 길이가 6천 킬로미터에 달한다고 하니 짧은 시간 전 구간, 여러 곳을 걸어보기는 어렵습니다. 누구든 장성을 찾는 사람이면 잠시 머물렀다 갑니다. 곧 돌아갈 생각을 하니 모든 것이 순간입니다. 좋은 사람들과 행복한 기억을 함께 만들어 가는 것이 중요하다 싶습니다.

문득 신영복의 '담론' 내용중 개인의 삶 속에서 사람 사귐이나 직업의 중요성을 강조한 한 구절이 떠오릅니다. 맹자(孟子)는 인성을 형성하는 과정에 술불가불신(術不可不慎), 직업을 신중하게 결정하지 않으면 안된다는 것을 강조합니다. 순자(筍子)는 봉생마중 불부이직(蓬生痲中 不扶而直), 쑥이 삼밭에서 자라면 누가 붙잡아 주지 않아도 곧게 자란다고 합니다. 어울리는 사람들의 중요성을 강조한 것입니다. 공자(孔子)도 성상근 습상원(性相近 習相遠), 본성은 비슷하지만 살아가는 동안 점점 멀어진다고 했습니다. 이인위미(里仁爲美), 인에 거하는 것이 아름답다고 합니다.

장성을 내려와 공항으로 이동합니다. 형과 커피숍에 앉아 차를 한

잔 마십니다. 어려운 시간을 내어준 형에게 고마운 마음을 전합니다. 형도 덕분에 여행할 수 있게 됐다며 오히려 고맙다고 합니다. 오래도록 형과 만남이 이어지면 좋겠습니다.

이상금 교수와의 인연(因緣)

수필집 '윤좌(輪座)' 제44집을 선물로 받았다. 표지에는 청마 유치환 시인의 '동인선언(同人宣言)'이 있다. 그 첫 문장은 '제각기 가진 행로 위에서 앞서가고 뒤서가고 하는 중 지극히 우연히 이뤄진 한 무리의 일행인지 모른다. 거기엔 까다로운 그 무엇이 있을 턱이 없다'로 시작된다.

이상금 교수님과의 인연은 벌써 20년 가까이 흘러가고 있다. 서로 얼굴 마주한 횟수를 손으로 꼽을 정도로 드물게 만났다. 마음 한편에는 당신이 잘 지내고 있으리라 생각하면서, 계절이 바뀌어 안부를 묻곤 하는 정도다. 당신과의 인연은 2000년 가을로 거슬러 간다. 대학 3학년 여름방학을 이용해 40여일 백두대간 길을 걸으며 채 정리되지 않은 생각들을 수첩에 긁적여 두었다. 이를 대학 문학상에 응모했었는데 가작으로 선정이 되었다. 상을 받고 돌아서는 자리에서 당신은 내게 '글이 좋으니 다음에 꼭 식사라도 한번 하고 싶다'고 얘기했다. 대학 시절 교수님이 뵙자고 하니 얼마나 고마운 일인가? 시상식이 끝나고 며칠 지나지 않아 단둘이 삼겹살집에서 소주를 마셨다. 동인선언에 있는 '지극히 우연히 이뤄진'이란 문구가 꼭 어울리는 표현이다.

'수필 장르가 없어 큰 상을 주지 못해 미안하다'라고 말씀하셨던 것을 생생히 기억한다. 돌이켜보면 당신은 등산을 처음 시작하는 시기였다. 산을 오르며 느꼈던 몇몇 분들과의 정(情)을 20대 청년이 쓴 졸작(拙作)을 읽으면서 느꼈던 것일까? 별 대단할 것 없는 백두대간 종주 기록임에도 불구하고 산을 매개로 공감대가 형성된 이유로 뭐라도 챙겨주고 싶은 마음이었으리라. 등산에 관해 이야기하는 당신의 모습에서 어린아이 같은 순수함을 느낄 수 있었다. 어쩌면 당신에겐 나도 그런 모습으로 보였을까? 남해가 고향인 당신은 유년시절의 어려웠던 사정들을 널어놓기도 하셨다.

이듬해 여름, 대학원을 진학하면서 서울로 왔다. 고마운 마음에 가끔 주고받은 문자가 인연이 되었다. 2002년 봄 아들 대학 입학식에 온다며 서울에서 저녁을 같이하자고 연락이 왔다. 두 번째 만남이다. 어떤 이유에서인지 아들과 저녁을 하지 않고, 둘이서 저녁을 먹었다. 아들과의 산행을 준비하면서 이것저것 등산 관련 문의를 했던 기억이 있다. 저녁을 먹고 지하철 게이트 입구까지 배웅했다. 시골 촌놈의 서울 생활을 짐작하셨던 탓인지 헤어지는 순간 두 손을 꼭 잡으며 오만원을 쥐여 주신다. 아버지가 아들을 대하듯 한 당신의 헤어지는 뒷모습이 기억 속에 뚜렷하다. 계단을 따라 내려가는 당신을 지켜보았고, 또 한동안 그 자리를 떠나지 않았었다.

이후 가끔, 아주 가끔 연락을 드렸다. 직장을 갖고선 부모님께서 농사지은 감자며 고구마를 택배로 보내드리기도 했다. 별것 아닌 선물이 고마웠던지 당신이 쓴 책을 보내주곤 했다. 등산과 마라톤을 즐기셨다. 당신의 50대는 열정적이고 치열했으며, 토실토실 영글어가는 가을 곡식처럼 삶이 알찼다.

2014년 봄으로 기억한다. 서울에 일이 있다며 만나자고 연락이 왔다. 찻집에서 차를 기울이며 잠시 담소를 나눴다. 문학지에 글을 게재해 시인으로 등단(登壇)해 책을 선물로 주고 싶다는 것이었다.

언젠가 내가 쓴 시를 메일로 보낸 적이 있었는데, 글이 좋아 인용을 했다고 한다. 10년 이상 시간이 흘렀고 무슨 글을 썼었는지 기억에 없었다. 제목은 '수선화'이고 '봄이면 집 마당 한편에 피었던 꽃. 내가 사랑하고픈, 내 가슴을 터질 듯 만들었던 그녀에게 단 한 번 건네었던 꽃'이라는 글을 보니 내가 쓴 글이 맞았다. 묘한 기분이 들었다. 경험이 다르니 남들은 저 표현을 쓸 수가 없을 것이다.

그리고 오늘 당신을 만났다. 오후에 전화가 와 '서울에 있으니 선물 줄 것이 있고, 또 부탁할 일이 있다'고 한다. 선물은 받지 않아도 될 일이지만 부탁은 들어야 한다. 또 자주 뵙지 못하는 분이 뵙자고 한 일이니 어디든 뵈러 가야 한다. 잠시 짬을 내어 뵙는다.

정년을 맞이한다는 소식과 정년을 기념해 기고한 글과 책을 내게 선물로 주신다. 책 제목은 '윤좌(輪座)'이고 부제목으로 '제각기 가진 행로 위에서'라고 적혀있다. 청마 유치환 시인 등 문학인들의 글을 모아 써낸 책이 제44집이 되었다고 짧게 소개해 주신다. 정년을 맞이하면서 라트비아로 4~5년 나가게 되었다는 소식과, '윤좌'의 구성원이 되어달라는 것이었다.

당신의 부탁이니 두말하지 않고 승낙을 했다. 저녁을 먹고 돌아와 '윤좌'에 실린 글을 읽고, 정보를 뒤져 모임의 성격을 보니 과분한 자리다. 어쩌면 '동인선언'의 '어느새 마련된 마음과 마음의 통로와 유대를 서로가 아끼게 된 그것인 것이다'의 문구처럼 당신과 나 사이가 그리된 그것인가? 오늘은 마음이 숙연하다.

진근록기의 일상

 넷은 노동조합 간부를 하며 만났습니다. 여럿이 광화문 촛불집회에 함께 있기도 했고, 속초로 워크숍을 가기도 했습니다. 동시대를 살아가며 비슷한 생각을 공유하는 우리는 짧은 인연을 오래 이어가자고 약속을 합니다. *진, *근, *록, 그리고 *기의 이름 끝을 이어 '진근록기'라 부르기로 합니다.

 진은 벚꽃이 한창인 어느 날, 제 고향 진해 구경을 왔습니다. 서울에서는 아주 먼 길입니다. 벚꽃으로 유명한 경화역 주변을 걸으며 어릴 적 매미를 잡거나 버찌를 따 먹으며 놀았던 얘기를 나눴으며, 만개한 꽃을 배경으로 어깨동무를 하고 사진을 찍기도 했습니다. 근처 본가에 들러 어머니께 잠시 인사도 드렸습니다. 어머니는 아들의 동료가 인사하는 것이 수줍고 부끄러웠던 모양입니다. 틀니를 하고 계셔서 입을 애써 감추는 모습이 안쓰러웠던 기억이 있습니다. 진은 어른을 공경하는 자세가 몸에 배어있습니다. 짧은 순간 어머니를 대하는 모습에서 고마운 마음을 느낍니다.

2020년 봄 기의 아버님께서 돌아가셨습니다. 광주 인근에서 전원생활을 하셨는데 갑자기 쓰러지셨다고 합니다. 진근록, 셋은 한 차로 문상을 갑니다. 진과 록, 두 분은 곁에서 보기만 해도 잘 어울리는 친구입니다. 장례식장에서 기를 만납니다. 준비되지 않은 이

별이라 마음이 혼란스러운 모습입니다. 저도 가끔은 '이별을 어떻게 맞이해야 하나' 싶을 때가 있습니다. 초상을 치르고 얼마 지나지 않아 우리는 가벼운 저녁을 먹고 서로의 이야기를 나누기도 했습니다.

강화도는 록의 고향입니다. 마니산 자락에서 나고 자랐다고 합니다. 주말을 이용해 마니산을 오르기로 합니다. 판교 진의 집에 모여 한 차로 강화도까지 이동합니다. 가는 동안 셋은 서울에서 김포, 그리고 강화까지 이어진 한강 주변의 변화를 두고 얘기를 나눕니다. 진은 김포에서 군생활을 했고, 록은 사회생활을 시작하면서 수십 년 고향을 오갔을 것입니다. 듬성듬성 개발되지 않은 논밭이 펼쳐져 있기도 하지만, 신도시가 조성되면서 고층 아파트 숲이 늘어섰습니다. 외곽으로 벗어나면서 어린 시절의 이야기로 이어집니다.

마니산 입구에서 아침을 먹으며 강화도 특산품인 순무를 맛보기도 합니다. 넓은 바위가 있거나 지평선까지 펼쳐진 바다를 조망하는 곳에서 잠시 쉬었다 가기를 수차례 반복하며 산을 오릅니다. 내려오는 길, 작은 연못 벤치에 앉아 따사로운 햇살이 주는 행복감을 느껴봅니다. 록의 본가에 들러 아버님과 어머님께 인사를 드립니다. 평지에 지은 전원주택과 텃밭이 잘 어울립니다. 감자는 심어두었고, 고구마는 곧 심어야 한다고 합니다. 평범하게 나이 들어가는 두 분의 모습이 아름답습니다.

진근록기가 만나 차를 한잔 할 예정입니다. 커피숍에 앉아 창밖을 봅니다. 봄바람이 알록달록 어린 나뭇잎들을 살랑거리고 있습니다. 봄의 향연입니다. 5월의 휴일 오후가 여유롭습니다.

백담사 영시암에서 발길을 돌리며

1. 즉흥적으로 결정된 백담사 여행

가을 단풍이 짙게 물들어갑니다. 몇일 전 저녁 자리를 함께하며 진근록기는 주말에 백담사 계곡을 걸어보자고 약속합니다. 마음 한편에는 각자 일정이 있으니 약속이 지켜지지 않을지도 모른다는 생각이 들기도 했습니다.

토요일 새벽, 강원도로 진입하기에 가장 가까운 기의 집에 모여 한 차로 이동합니다. 새벽인데도 도로에는 차가 많습니다. 대부분 절정에 이른 가을의 순간을 만끽하려는 마음이리라 짐작됩니다. 황태해장국과 순두부찌개로 요기를 하고, 타고 온 차를 주차한 후 백담사까지 버스로 이동합니다. 구비구비 계곡 길은 형형색색의 아름다움으로 채워지고 있습니다. 젊은 날 친구와 함께 산책하기도 했고, 여름철 딸아이와 돌쌓기 놀이를 하기도 했습니다.

2. 용아장성의 추억

언젠가 '백담사에서 대청봉으로 걸어봐야지' 생각하곤 했습니다. 진은 3년 전 두 아들을 데리고 백담사에서 대청으로 이어지는 길을 걸었으며, 용아장성이 보여 경관이 아주 좋았다고 합니다.

진의 얘기를 들으니 대학 시절 수렴동 계곡에서 막영을 하고, 용아장성을 걸었던 기억이 떠올랐습니다. 용아장성은 몇몇 위험한 구간이 있어 암벽장비가 있어야 등반이 가능합니다. 용아장성을 걷던 20여 년 전 손에 땀을 쥐게 했던 순간이 있었으며, 봉정암에 이르러 벌컥벌컥 마셨던 약수가 세상에서 가장 맛있었던 것으로 각인되어 있습니다.

이후에도 수차례 설악산을 찾았지만, 백담사에서 영시암, 오세암으로 이어진 길은 걸어보지 못했었기에 '꼭 한번 수렴동계곡을 지나 오세암, 봉정암, 소청봉, 중청봉, 대청봉으로 걸어보리라' 생각했습니다.

3. 영시암에 이르러

백담사 경내 구경을 한 후 계곡과 산을 배경으로 간간이 사진을 찍으며 영시암까지 올라갑니다. 절정에 이른 단풍을 구경하기 위해 많은 사람이 오고 갑니다. 대청봉으로 오르려는 사람들은 큰 배낭을 메고 이동을 하고, 아이들과 함께 가을 나들이를 온 가족들은 옷차림이 가볍습니다. 구두를 신고 온 젊은 연인도 보입니다.

영시암에서 30분가량 오르면 설악산 만경대에 이릅니다. 만경대에 오르면 용아장성이 보이지 않을까 하는 마음에 만경대까지 걸어가 보고 싶은 마음이 굴뚝같지만, 영시암에서 하산하기로 합니다.

매사 모든 경험을 다 하기란 어렵습니다. '설악에서의 단풍 구경은 이것으로 족하다.' 스스로 위로합니다. 나이를 먹을수록 어떤 일이든 '선택을 해야 한다.'는 사실을 잘 알고 있습니다.

4. 내려오는 길

내려오는 길은 발걸음이 여유롭습니다. 계곡을 따라 산을 더 올랐다면 돌아오는 길은 마음이 급했을 것입니다. 계곡에 앉아 발을 담그고, 잠시 휴식을 취합니다. 햇살이 따사로워 일부러 팔과 다리를 걷어봅니다. 행복감이 밀려오는 지금의 순간이 오래 기억될 것입니다.

진근록기는 계곡에서 각자의 방식으로 짧은 휴식을 취합니다. 진은 바지를 걷어 올리고 계곡물을 걸어봅니다. 호기심이 많고 판단과 직관력이 뛰어납니다. 록은 준비해온 간식을 나눠줍니다. 계획적이며 주변을 배려하는 마음이 깊습니다. 차분한 성격의 기는 조용히 앉았습니다. 각자의 성격이 잠시 쉬어가는 모습에서도 드러납니다.

젖은 발을 말린 후 걸음을 재촉해 이동합니다. 백담사에서 버스를 타고, 다시 차를 몰아 서울로 돌아가는 길 어느 지점에서 점심을 먹습니다. 진의 호기로움으로 근사하게 점심을 먹습니다. 록이 운전을 해 주어 편하게 이동을 했습니다.

올가을 다시 단풍 구경을 할 수 있을까요? 계절의 변화가 지나치게 빠르게 느껴집니다. 몇 해 전 가을이 어제의 가을처럼 느껴지기도 하고, 과거 경험한 것과 본 것이 기억 속에 혼재하기도 합니다. 미래의 어느 날 하루하루가 행복했노라 기억될 수 있도록 오늘을 채워야 하겠습니다.

오랜 친구의 조언, 자신을 위해 투자하라

고향 부모님 댁에 들릴 겸 부산에 있는 친구를 만나러 내려갑니다. 차창 밖은 5월의 푸르름에 비와 구름이 어울려 한 폭의 수묵화 같습니다. 후두둑 세차게 내리던 빗방울은 남쪽으로 내려갈수록 짙은 안개로 변하여 어둠이 내릴 즈음엔 묘한 분위기를 자아냅니다. 기분 탓인지 오늘 친구와의 만남이 매우 특별하게 느껴집니다. 문득 담론(신영복 저)에 인용된 이노우에 야스시의 '공자(孔子)' 부분이 떠오릅니다. 언강이라는 사람이 공자의 무리에 합류하기로 결심하는 대목입니다.*

'공자는 안채의 정원을 바라보는 방 한가운데 정좌하고 그 뒤로 안회, 자공, 자로 등 제자들이 나란히 앉아서 쏟아지는 빗줄기와 내리치는 번개를 바

---

* 이노우에 야스시 지음, 『공자(孔子)』, 학고재, 2013

라보고 있습니다. 번개가 칠 때마다 드러나는 그 사람들의 모습을 바라보면서 언강은 난생처음으로 상상할 수 없는 인간이 이 세상에 있다는 사실에 충격받습니다. 무슨 생각을 하는 사람들인지 도무지 알 수 없을 뿐 아니라 천둥 번개를 피하려는 생각이 추호도 없이 묵묵히 앉아서 천명을 고스란히 받아들이려는 듯한 그들의 모습에 충격을 받습니다.'

사람이 사람을 만나는 일은 우연이면서 서로에 대한 특별한 끌림이 있게 마련입니다. 친구는 부산에서 정형외과 의사를 하고 있습니다. 배움에 의욕이 많고, 아는 지식을 주변에 전달하는 데에도 소홀하지 않습니다. 오래도록 야학에서 봉사활동을 해오고 있기도 합니다.

농구를 좋아해 외국인 친구들과 길거리 농구시합을 갖기도 하고, 취미로 합창단 활동을 해 연말이면 공연을 할 만큼 노래를 즐겨 부르는 흥이 많은 친구입니다. 배려심과 잔정이 많아 주변을 살갑게 대해 어울리는 사람들이 많습니다.

삼겹살집에서 저녁을 먹으며 가볍게 반주를 하고, 커피숍에 들러 코로나로 변화한 일상을 얘기합니다. 병원에는 환자들이 많이 줄었다고 합니다. 부산시의사회 합창단 프리랜서 지휘자는 모임이 중단되어 수입이 없다고 합니다. 의사들 사이에서도 '무노동 무임금 원칙'을 적용해야 하는지 의견이 분분하다고 합니다. 더불어 살아가는 세상이니 위기에는 함께 힘을 모아야 하지 않을까 의견을 나눕니다.

 차를 마시고 헤어질까 하다 당구를 한게임 하러 갑니다. 오랜만에 만나서인지 좀 더 시간을 함께 보내고 싶은 욕심이 있습니다. 당구장으로 이동하면서 '술을 마시는 걸 제외하면 중년의 놀이문화가 참 없구나' 생각해 봅니다.

친구와 문득 '어떻게 사는 게 행복한 삶일까?' 얘기를 나눕니다. 친구는 '자신을 위해 투자하라'라고 조언을 합니다. 자신이 즐기는 그 무엇에 투자해 보라는 것입니다. 행복에 관한 얘기는 근처 대학교 교정 산책을 하면서 이어집니다.

친구는 첫째, 사람 사귐에 대해 ① 인간적으로 만나서 행복한 사람이거나 ② 업무적으로 의견을 주고받으며 성장할 수 있는 사람과 만남의 시간을 늘려보라고 합니다. 둘째, 자기 자신에게 투자(뭔가를 배우거나 자기가 원하는 어떤 것을 구매하는 등)하라고 조언합니다.

또 프랭크 시나트라(Frank Sinatra)의 노래 마이웨이(My Way)의 'I did it my way, And it was my way' 가사처럼 스스로 경험하고 실천해야 한다고도 합니다. 책을 통한 경험은 간접 경험이고 실천이 따르지 않으니 자신의 것이 아니라고 조언합니다. 친구의 말에 또 깨달음을 얻습니다. 신영복 교수는 실천 없는 독서를 '한발 걸음'으로 표현합니다. 이론과 실천의 변증법적 발전과정에서 '실천이 없다는 사실은 한발 보행이나 마찬가지'라는 것입니다.

산책하는 동안 안개가 짙게 깔렸습니다. 짧은 만남과 헤어짐에 아쉬움이 남습니다. 돌아오는 길에 차분히 'My Way' 노래를 들으며 가사를 음미해 봅니다.

기억을 만나는 시간

같은 고등학교를 졸업하고 또 같은 대학을 진학한 사람은 많지 않았습니다. 잘 알지 못했던 고등학교 친구들도 대학에 들어와서는 자연스레 가까워졌습니다. 낯선 곳에서의 적응이 여의치 않았기 때문이었을지도 모릅니다.

병아리가 알을 깨고 나와 처음 마주하는 것이 부모라고 착각하듯, 대학 생활의 롤모델(Role model)은 자연스레 같은 고등학교 출신의 선배, 동기들이었습니다. 돌이켜보면 약간의 해방감과 두려움, 사람과 우정에 대한 동경과 갈망이 있었던 시절이 아니었나 싶습니다.

선배라고 고향에서 올라오는 용돈이 신입생보다 많았을 리 없습니다. 하지만 길을 가다 후배를 만나면, 혹은 후배가 밥이라도 한 끼 사달라고 하면 취업준비에도 모자란 시간을 내고 부족한 용돈을 쪼개어 힘든 내색하지 않고 챙겨주었습니다. 고마운 기억, 오래 간직하고 있는 좋은 추억입니다.

오늘 부산 해운대에서 선후배들의 모임이 있습니다. 지인의 결혼식에 참석해 축의금을 받는 일을 도와드리고, 늦은 오후에 부산으로 향합니다. 제가 제일 늦었습니다. 20여 년이 흘렀습니다.

해운대에서 멀지 않은 송정해수욕장에서 신입생 환영회를 했던 기억이 있습니다. 바닷가에 모닥불을 피우기도 했고, 3월 초순의 쌀쌀한 날씨에 친구들을 바닷물에 빠뜨리며 서로 즐거워했었습니다. 잘 마시지 못하는 술을 밤을 새워 마셔가며 두런두런 이야기꽃을 피우기도 했습니다.

오늘 모이는 분들은 대부분 그 시절에도 함께했던 분들입니다. 외모는 학창시절의 원형을 간직하고 있지만, 대체로 세월을 비켜 가지는 못했습니다. 각자 선 자리에서 인생을 치열하게 살아가고 있

습니다. 함께 어울렸던 그 시절의 저보다 더 나이가 많은 자식을 둔 선배도 있습니다. 제가 흰머리가 제일 많다며 농담 반 걱정을 하기도 합니다.

 많은 얘기를 나누진 않습니다. 공통의 화제도 그리 많지 않습니다. 무슨 일을 하고, 어디서 어떻게 살아가는지, 자식은 잘 자라고 있는지 등 가끔 만나며 서로에 대한 소식을 업데이트하는 정도입니다. 얘기는 시시껄렁하지만 얼굴엔, 또 마음속엔 행복한 웃음이 가득합니다. 1년에 한 번 볼까 말까 한 이 모임은 언제까지 지속할 수 있을까요? 쉰을 넘긴 형은 '한 20년은 이 모임에 나올 수 있으면 좋겠다'라고 합니다.

미래는 한 치 앞도 알 수 없습니다. 그저 오늘의 모임도 훗날 다시 모여 행복한 기억으로 얘기 나눌 수 있으면 좋겠습니다. 또 함께 추억을 간직한, 추억을 만들어 준 분들께 고마운 마음을 전합니다.

인왕산과 안산을 오르며

 주말 아침 오랜만에 일찍 잠을 설칩니다. 요즘엔 특별한 일정이 없으면 책을 읽거나 쉬면서 주말을 보내는데, 오늘은 몇몇 친구들이 가볍게 등산을 하기로 합니다. 나이 또래가 비슷한 친구들끼리 저녁 자리를 수차례 함께하며 어울린 것이 주말 등산으로 이어진 것입니다. 모임을 주도한 *혁은 말이 등산이지 인왕산과 안산을 오르는 일이니 두세 시간 가벼운 걸음으로 오르면 된다며 부담을 덜어줍니다.

 날씨는 제법 포근합니다. 산 중턱에 오르니 남산이 흐릿하게 보입니다. 미세먼지가 자욱합니다. 탁한 공기 탓에 폐에 무리가 갈 줄 알면서도 굳이 야외운동을 하는 이유는 혈관을 맑게 하기 위함이라며 서로를 위안해 봅니다.

*규 교수와는 자본의 무한증식 시스템 속에서 '산업화가 급속히 진행 중인 지구의 미래는 어떻게 될까?' 시시콜콜 얘기를 주고받기도 합니다. 영화를 특히 좋아한다는 규 교수는 어쩌면 물질문명과 정신문명의 갈림길에서 부정적인 방향으로 너무 멀리 지나온 게 아니냐는 우려스러운 얘기도 합니다. 또 연로하신 부모님을 걱정하며 죽음에 관해서도 얘기를 나누기도 하고, 또 주변에 갑자기 유명(幽明)을 달리 한 친구가 있다며, 홀연히 내게도 찾아올 수 있다는 불안감, 또 어떻게 죽음을 맞이할지 정리를 한 번쯤 해 두어야 한다는 조언도 합니다.

인왕산 정상에서 기념촬영을 합니다. 북창동, 마포, 종로, 용산 등 몇몇 장소에서 제각기 모였던 여럿의 친구들이 뭉쳤습니다. 반가운 친구도, 또 약간 어색한 친구도 있습니다. 같이 길을 걷는 동안 두런두런 이야기를 주고받으며 한결 가까워지는 느낌입니다.

오랜만에 산을 오르니 숨이 차고, 다리에 무리가 가지 않을까 조심스럽습니다. 미리 조심하는 스스로가 안쓰럽기까지 하지만, 왕자

불간 내자가추(往者不諫 來者可追, 과거의 실수는 어쩔 수 없지만, 앞으로의 일은 현명하게 대처할 수 있다)라는 말처럼 건강이든 주변과의 관계든 신경을 더 써야겠다 생각해 봅니다.

두어 시간 산행을 마치고 독립문 앞 영천시장에 들러 김치전, 부추전, 녹두전, 굴전, 홍어 등을 안주 삼아 막걸리를 한 사발 들이킵니다. 막걸리 집에서 박장대소(拍掌大笑)하며 한바탕 웃음을 터트리는 모습이 제법 잘 어울리는 나이가 되었구나 싶습니다.

가볍게 땀을 흘리고, 여럿이 웃음꽃을 피우고, 차를 한잔 마시며 모임을 마무리합니다. 이 자리에 함께 어울릴 수 있어서 무척이나 감사한 마음입니다. 다음 모임은 팔공산을 가자, 경주 남산을 가자 얘기를 나눕니다. 봄꽃이 필 즈음 다시 친구들을 만날 수 있으면 좋겠습니다.

요즈음 제가 좋아하는 청마(靑馬) 유치환의 '동인선언(同人宣言)' 시를 떠올려 봅니다. 언제 한 번 읊어줄 기회가 있으면 좋겠습니다.*

동인선언(同人宣言)

제각기 가진 行路 위에서

앞서 가고 뒤서 가고 하는 중

지극히 우연히 이뤄진

한 무리의 一行인지 모른다.

거기엔

까다로운 그 무엇도 있을 턱이 없다.

제 각기의

마음 내킨 행색이요 목적이면서도

---

* 유치환 지음, 『윤좌』 제44집, 2015

서로가 주고받는 심중을

속임 없이 이야기하고 또 듣고 하는 가운데

어느새 마련된

마음과 마음의 통로와 유대를

서로가 아끼게 된

그것인 것이다.

그리하여

앞길을 가름하여

알맞은 시간에 알맞은 곳

훤히 트인 草原의 한 그루 나무 그늘이나

맑은 계곡 기슭 같은 데서

걸음을 쉬어 둘러앉아

무거웠던 마음들을 풀어 놓곤

다시

서로의 이야기에

꽃을 피우는 것이다.

세신제가(洗身齊家)의 만남

 돌이켜보면 인생은 갈림길에서 순간순간의 선택으로 결정되고, 축적된 선택의 결과가 현재를 만들었지 않나 싶습니다. 중학교 3학년이 되면서 '공부를 해야겠다'라고 마음먹게 된 계기도 1년 먼저 고등학교를 우수한 성적으로 진학한 사촌 형 덕분이었으며, 대학을 선정하는 것도 지극히 우연히 이루어진 것입니다. 대학 생활을 하면서 동아리 활동으로 등산을 하게 된 이유도 논리적이거나 합리적인 의사결정에 의한 것이 아니었습니다.

 산악동아리 활동을 하며 만났던 사람들은 상대적으로 잔정이 많았던 것으로 기억합니다. 20대 후반, 취업준비를 하며 어울렸던 사람들은 여유가 부족했고, 사소한 것에 집착하는 듯 보였습니다. 마치 다른 부류의 사람인 듯 느껴져 마음을 터놓기가 쉽지 않았고, 가끔 다른 사람들에게 그들을 비난하기도 했습니다. 또 직장생활을 하면서는 주변 사람들이 이기적이거나 경쟁심이 과하다는 생각이 들 때가 있었습니다.

요즈음 문득 드는 생각은, 20대 후반 취업준비를 할 당시 사람들은 저에 대해 '사소한 것에 집착하며 여유 없는 사람'으로 평가했을 것이며, 지금은 제가 주변 사람들을 평가하는 것처럼 남들이 저를 '이기적이거나 경쟁심이 과하다'라고 평가하고 있을지 모릅니다. 본인만 모른 채 어느새 같은 부류의 사람이 되어있었던 것이지요.

인생은 어쩌면 수없이 많은 선택을 하며 살아가고, 선택의 종착점이 현재의 나를 만든 것이 아닐까 생각해 봅니다. 다른 누군가도 매 순간 선택을 했을 것이고, 그렇게 지금 이곳에 자리하고 있다는 것은 '적성이나 성격 등이 나와 비슷한 부류의 사람'이 선택을 통해 같은 장소에 모이게 된 것이 아닐까 싶습니다. 시간이 흘러갈수록 많은 선택을 하고, 사람을 만나고, 가족과 조직의 구성원으로 살아가는 과정에서도 비슷한 부류의 사람이 주변에 더 많아지겠지요. 가끔 우연이라 생각했던 일이나 만남이 운명이 아닐까 싶기도 합니다.

 6년 전 처음 노동조합 위원장에 당선된 이후 관련 경험이 축적된 분들의 도움을 많이 받았습니다. 특히 *경과 *훈은 연륜(年輪)이 쌓인 형들이라 노동조합 간부가 가져야 할 마음 자세나 행동 등 세세한 것까지 많은 도움을 주었습니다. 이를 계기로 셋은 몸을 깨끗이 하고, 주변과 잘 어울린다는 의미의 '세신제가(洗身齊家)'라는 단톡방을 만들어 주기적인 만남을 가졌습니다.

 이제 경과 훈은 노동조합 활동을 그만두고 복귀해 각자의 자리에서 역할을 합니다. 경은 부산에서 모 카드사 지점장으로 근무하게 되었으며, 훈은 보험회사 차장으로 역할을 합니다. 만나면 노동조합 활동을 할 때 보다는 공통의 이야깃거리가 적습니다. 각자 카드사 영업이나 보험사의 투자에 대해 많은 이야기를 쏟아내기도 하고, 과거에 잘 알고 지냈던 사람의 동향을 서로 묻고 답하기도 합니다.

 얼마 전 훈과 저는 짬을 내어 부산으로 발령 난 경을 만나러 갔습니다. 각자의 삶이 있으니, 시간을 내기가 좀처럼 쉽지 않습니다.

부산의 어느 맛집에서 저녁을 먹으며 서로의 이야기를 나누고, 꽤 오랫동안 바닷가를 산책합니다. 부산의 밤바다는 북적이는 사람들과 밝은 불빛으로 화려합니다.

벚꽃이 만발한 계절입니다. 세신제가 형들이 부산에 모였으니 저는 제 고향 진해의 벚꽃을 구경시켜주고 싶은 마음이 있습니다. 은근슬쩍 형들을 설득해 이른 아침을 먹고 진해로 갑니다. 어릴 적 놀이터였던 경화역 주변과 고등학교 시절, 저녁 시간을 이용해 매일 친구와 산책을 했던 여좌천 주변의 벚꽃 길을 걸어봅니다. 유년시절의 기억을 회상하며, 형들과 오늘을 공유할 수 있어 행복한 날입니다.

이른 봄날의 오후

 이른 봄날, 경남 진영에 사는 *균 형을 만나러 갑니다. 학창시절엔 형과 식사를 자주 했으며, 밤늦게 교정(校庭)을 거닐기도 했습니다. 정치에 관심이 많았던 형은 유력 정치인의 행보나 민주주의의 방향성에 대해 강의하듯 얘기하기도 했습니다.

 오랜만에 만났으니 근처 산책이나 하자며 고(古) 노무현 대통령의 생가가 있는 봉하마을로 이동합니다. 마을 입구에 주차하고 보니 관광버스와 여행객들이 꽤 많이 왔습니다. 구경을 마치고 내려오는 인파(人波) 사이를 스치듯 지나쳐 노무현 대통령 묘비 앞에 섭니다. 빨갛게 녹슬어가는 비석과 노란 바람개비, 덩그러니 서 있는 사자바위와 부엉이바위, 그리고 이제 푸르른 빛깔을 내비치는 주변 풍경이 제법 어울립니다.

 둘은 나란히 서서 잠시 묵념을 한 후, 갈림길에서 북서쪽으로 뻗은 산책로를 걷습니다. 작은 연못을 지나고, 완만하게 이어진 산책로를 시시콜콜한 이야기로 채우며 한 시간쯤 걸으니 훤히 트인 정상에 다다릅니다. 사자바위에서 보니 노무현 대통령 생가와 멀리 화포천 주변의 들판이 상쾌한 기분과 함께 발아래 펼쳐집니다.

 따사로운 햇살과 시원한 바람을 맞으며 낮은 산봉우리들을 바라보고 있자니 문득 학창시절 백두대간을 걷던 중 멀리서 구름이 비를 뿌리며 다가오는 광경을 보았던 기억이 떠올랐습니다. 검은 구름이 태양을 덮은 후 갑자기 비가 되어 내리는 모습을 보면서 놀라지 않을 수 없었습니다. 멀리 펼쳐진 광경으로만 여겨졌던 비는 순식간에 주변을 흠뻑 적시며 지나갔습니다.

 어쩌면 인생도 마치 구름처럼 살아가는 건 아닐까 싶었습니다. 작은 뭉게구름은 한줄기 빗방울이 되지 못하고 피어오르다 사라지는가 하면, 먹구름은 순간 하늘을 뒤덮고 소나기가 되어 존재를 과시하기도 합니다.

그때 그 비를 맞으며 장대비처럼 거칠진 않더라도 스스로 몸담은 공동체에 작으나마 도움이 될 수 있으면 좋겠고, 또 주변 사람들에게 좋은 기억으로 남는 한 인간으로 살아가겠다는 다짐을 했던 기억이 떠올랐습니다.

오래전 생각이 문득 이곳에서 떠오른 건, 노무현 대통령의 삶이 사회공동체를 위한 헌신적인 삶이었지 않나 하는 개인적인 평가 때문일까요? 2009년 노무현 대통령 서거 소식을 접하고, 조선 전기 사림세력의 등장이 해방 이후 진보세력의 정권장악과 유사하다고 느꼈으며, 어쩌면 '역사가 되풀이된다고 하는 것이 이런 것일까?'하고 의문을 갖기도 했습니다.

1392년 조선왕조 개국 이후 소위 훈구(勳舊)세력이라 불리는 개국공신과 그 자손들이 반세기 이상 권력을 장악하면서 많은 폐단이 나타나자 이를 제어하기 위해 성종(成宗)은 재야의 사림(士林)세력을 등용하게 됩니다. 김종직(金宗直)을 시초로 사림은 훈구세력의 권력유지 방식이나 부정부패를 받아들이기 어려웠을 것이며, 기득권세력에 대해 '썩어서 도려내야 하는 적폐'로 여겼을지 모릅니다. 그러나 반면 개국 이후 국정 운영에 힘써왔던 훈구세력은 그간 정치활동이 모두 부패했다고 치부하는 사림세력을 받아들이기 어려웠을 것입니다.

 이로써 사림은 부패한 훈구세력을 처단해야 한다는 명목으로, 훈구세력은 철없고 현실성 없는 사림세력에 정치를 맡길 수 없다는 논리로 대립하기 시작해 수 세기 동안 권력다툼을 이어간 건 아니었나 싶었습니다. 사림의 거두 김종직이 1450년에 관직을 맡았으니 시기적으로 조선이 개국한 지 60여 년 후의 일이었으며, 해방 이후 소위 기득권과 거리가 먼 재야세력이 정권을 장악한 것이 2000년대 일이었던 것을 보면 오늘날의 정치 현실이 조선 초기와 매우 흡사해 보였습니다. 또 앞으로 우리나라 정치 방향성이 조선의 그것처럼 전개되지 않을까 하는 생각을 했던 기억이 있습니다.

시원한 봄바람을 맞으며 꽤 오랫동안 정상에 머물다 내려옵니다. 아래로 이어진 계단 길을 따라 발걸음을 옮기다 보니 큼지막한 부엉이바위가 나지막한 산과 조화롭지 않은 듯 인상적입니다.

천천히 내려오며 균 형을 만나 나눴던 사소한 얘기들, 문득 머릿속을 스치고 지나간 다양한 생각들을 더듬어봅니다. 나이가 들면서 선택의 갈림길이 줄어들긴 했지만, 젊은 시절부터 가슴에 품어왔던

'사회공동체를 위해 노력하는 삶'에 무게를 두면서 부단히 살아갈 것이라는 인생 방향성을 되새겨봅니다.

여러 갈림길의 순간을 마주하게 되면 현명하게 대처해, 훗날 죽음의 순간에도 옳은 결정을 하며 걸어왔노라고 스스로 자부할 수 있으면 좋겠습니다. 차로 돌아가는 길옆 노무현 대통령 기념관에 사진이 전시되어 있습니다. 굴곡진 삶을 살아온 사진을 바라보고 있자니, 형과의 오늘을 사진으로 남기고 싶은 욕심이 간절합니다.

민주주의 최후의 보루

노무현 대통령의 2007년 6월 제8회 노사모 총회 축하 메시지 일부입니다.*

민주주의의 완성은 없을 것입니다.

그러나 역사는 끊임없이 진보합니다.

우리 민주주의도 선진국 수준으로 가야 합니다.

그리고 거기에 만족하지 않고 성숙한 민주주의를 이뤄가야 합니다.

민주주의 핵심가치인 대화와 타협 관용과 통합을 실천해야 합니다.

미래를 내다보고 민주주의의 완전한 이상과 가치를 실현하기 위해 끊임없이 노력해 나가야 합니다.

민주주의 최후의 보루는 깨어있는 시민의 조직된 힘입니다.

이것이 우리의 미래입니다.

---

* 강원국 지음, 『대통령의 글쓰기』, 메디치미디어, 2017

계절은 바뀌고,
물은 아래로 흘러갑니다.

 출근길 햇살이 좋아 산책을 하고 싶은 욕심이 생깁니다. 점심을 함께하기로 한 모 언론사 P기자에게 '남산 주변 산책을 하면 좋겠다'라고 제안해 봅니다. 기자는 마음이 통했다며 흔쾌히 승낙합니다. 알고 지낸 지는 오래되지 않았지만, 가끔 식사하며 가까워져 편하게 얘기 나누는 사이가 되었습니다.

 산책 후 점심을 먹기로 하고, 빠른 걸음으로 이동합니다. 봄 햇살이 따사로워 가벼운 차림으로 산책 나온 사람들이 많습니다. 지난번 만났을 땐 서울시청에서 경복궁 담벼락 쪽으로 걸어가다 찬바람을 이기지 못하고 돌아섰던 기억이 있는데, 오늘은 성곽 초입에 진입하자마자 땀방울이 등을 타고 내립니다. 남산타워 방향으로 향하는 길엔 개나리와 벚꽃이 한창입니다. 화단에는 수선화가 샛노란 꽃을 피웠고, 튤립도 땅속에서 꽃대를 뽑아 올리고 있습니다.

햇살의 따사로움과 계절 변화의 아름다움, 오르막길 숨찬 걸음이 만들어낸 땀방울, 시원한 감을 전해주는 바람, 이 모든 것들이 행복감을 자아냅니다. 편한 말동무가 있으니 산책길 발걸음은 흥이 납니다.

40대 초반에 진입하는 P기자는 삶의 방향성에 이런저런 고민이 있는 모양입니다. 특히 주변 선배들의 생활 모습은 '닮고 싶은, 꿈꾸는 미래의 그것'과는 다소 차이가 있다는 것입니다. 가까이에 닮고 싶은 사람이 있다면, 그들의 생활습관을 따라 하는 것만으로도 성공한 인생으로 이어지겠지만, 그런 경우는 흔하지 않습니다. 저는 나름대로 40대 후반에 느끼게 되는 몇몇 아이디어를 얘기합니다.

스스로 아직 배움이 많지 않고, 성공한 인생이라 생각하지 않으니 방향을 그르칠까 조심스럽습니다. 행복에 관한 것이나, 용기 있는 삶을 살아간다는 것, 어려움을 극복하는 일, 사람을 사귀는 일, 또 상황을 객관적으로 판단하는 방법이나 삶의 방향을 설정하는 것 등 평소 생각한 것들을 얘기합니다. 기자는 10년쯤 먼저 살아가고 있는 한 사람의 이야기가 새롭게 느껴지는지 경청합니다. P기자는 성품이 훌륭하고, 주변에 좋은 사람이 많이 있을 테니, 40대에 들어서면서 느끼는 방황은 잘 헤쳐나가리라 믿습니다.

문득 6~7년 전 제게 많은 도움을 주었던 모 기자분이 떠올랐습니다. 사회생활을 저보다 10여 년 먼저 시작한 분으로, 학창시절엔 민주화운동을 했더라는 것입니다. 이후 당신의 삶은 진보성향의 언론사에서 기자 생활을 시작해, 우리 사회를 개선하는 데 기여 하는 삶을 실천해오고 있다는 것이었지요. 노동조합 간부로 출마하게 된 저를 보고 측은한 마음이 들었는지, 직원들의 의사를 대변하는 위치에서 '지켜야 할 가치관이나 태도'에 대해 말씀해 주셨던 기억이 있습니다.

당신의 도움으로 '조합원을 대표하는 사람은 절차적 정당성, 투명성, 공정성, 형평성 등의 가치를 존중해야 하며, 지위가 높은 사람(한국은행 총재 등 인사라인)의 요구가 아닌 직원들의 입장을 끝까지 대변해야 한다'는 나름의 원칙을 세울 수 있었습니다. 마음 한편엔 가르침에 대한 고마움이 늘 자리하고 있으며, '당신이 베풀었던 선행'은 언젠가 다른 누군가에게 베풀어야 할 것이라 여깁니다. 아마 P기자도 주변으로부터 받은 도움을 다음 세대에게 전해주게 되겠지요.

어쩌면 새로운 경험을 한다는 것은 하얀 종이 위에 그림을 그리는 것이 아닐까 생각합니다. 이런 이유로 한국은행 직원 중 누군가가 '요즘 젊은 직원들은 전혀 다른 것 같아'라고 하면, 저는 '처음 직장생활을 하는 분은 선배를 보고 배우는 것이니, 우리가 모범을 보이면 되지 않겠습니까?'라고 얘기하곤 합니다. 한국은행의 신입직원이 되는 순간부터 이전(학교나 조직 등)에 가졌던 성향과는 무관하게, 조직 내 기존 직원들의 문화를 보고 배우는 게 당연할 것입니다. 노동조합 간부로서 조합원들의 요구에 성실히 임하고 있는지, 처음 가졌던 마음은 잊지 않았는지 늘 조심스럽습니다. 대체로 주변의 잘하는 것보다 잘못하는 모습을 더 빨리 배우고, 모방하게 된다는 사실을 알기에 이에 대해서도 경계를 늦추지 않습니다.

봄꽃이 만발한 남산타워 주변을 한 바퀴 돈 후, 큰길을 따라 남산도서관까지 내려와 '백범광장(白凡廣場)'을 가로질러 갑니다. 하산

길의 발걸음은 가볍습니다. 오늘 산책 과정에 주고받은 얘기는 스스로 성찰하며, 서로의 신뢰를 두텁게 하는 쪽으로 작용하리라 믿습니다.

친구 어머니의 부고(訃告)

 휴일 낮잠을 자다 문득 친구 *훈의 어머니께서 별세했다는 문자를 받습니다. *훈은 고등학교를 졸업하고 자취 생활을 하면서 방을 같이 썼던 친구입니다.

 얼른 주섬주섬 옷을 챙겨입고 기차역으로 나섭니다. 기차가 자주 있지 않아 이번 기차를 놓치면 많이 늦어질 것 같아 마음이 급합니다. 택시에서 차표를 조회해 보지만 빈자리가 없습니다. 5분가량 조회 버튼을 누르다 누군가 취소한 표를 잽싸게 예약합니다.

 자취를 하면서 친구 어머님을 가끔 뵀었습니다. 늘 밝은 표정으로 편하게 대해주셨던 기억이 있습니다. 자취방 냉장고를 채워주셨던

어머님의 반찬 솜씨도 일품이었습니다.

대학 졸업을 하고 친구는 교사가 되었습니다. 성실하고 밝은 성격이라 잘 어울린다 싶었습니다. 저는 저대로 직장생활을 하고 결혼을 하면서 가끔 소식을 주고받았습니다. 안부를 주고받던 일도 시간이 흐르면서 지인의 경조사 소식을 전할 정도로 뜸해졌습니다. 그러고 보니 2년 전 친구의 늦은 결혼식 소식을 들은 것이 마지막입니다. 찾아가지 못해 늘 미안했었는데, 이렇게 소식을 들으니 마음이 애잔합니다.

기차는 창원으로 달립니다. 창밖으로 파란 하늘과 새하얀 구름이 유난히 아름답습니다. 당신의 인생이 이와 같았으리라, 또 당신의 후생이 이와 같기를 기원해 봅니다. 고인의 명복을 빕니다.

새로운 길을 떠나는 형(兄)에게

 꽤 오랫동안 동무로 인생길을 함께 걸었던 형(兄)이 정치영역으로 떠납니다. 막연히 정치는 권력의 정점에서 방향을 설정할 수 있는 일이니 '주변을 행복하게 하는 것, 더불어 잘 사는 것, 건강한 공동체를 만드는 것' 등 뭔가 거창한 목표가 있어야 하는 일이 아닐까 생각했었습니다.

 막상 형이 정치영역에 들어간다고 하니, 충분히 그럴만 하다는 생각을 해 봅니다. 가까이에서 함께 해 보니, 얼추 20년 동안 대충대충 하면서 지나온 그런저런 노동조합 위원장은 아니었습니다. 주어진 자리도 아니고 늘 선거를 통해 개척해 온 자리입니다. 거기서 20년 가까이 장을 했다는 것은 주변과의 소통은 물론 시대를 읽고,

본분을 충실히 실천해 왔기 때문일 것입니다. '주어진 일을 소명의식을 갖고 성실히 해내는 것', 그것이 첫 번째 장점입니다.

둘째, 의사결정 과정에 소통과 타협을 중요시하는 것이 습관화되어 있습니다. 우리는 말로만 민주주의를 외칩니다. 여야가 극한으로 대치하는 것도 소통과 타협을 통해 마련할 수 있는 대안들을 고려하지 않고 길거리로 나가 권력투쟁을 하고 있기 때문일 것입니다. 대화와 타협의 공간이 열려있음에도 장외투쟁을 하는 것은 조직 스스로 전문성과 능력 없음을 나타내는 것일 수 있습니다. 다년간의 경험을 통해 쟁점을 풀어가는 과정이 갈등과 투쟁이 아닌, 대화와 타협을 통해 대안을 마련하는 것으로 습관화되어 있습니다.

셋째, 사회가 요구하는 이슈를 미리 제시합니다. 노동조합은 뭘 해도 비난받기 쉽습니다. 노동조합의 경영 참여, 비정규직의 정규직화, 불평등·양극화 해소 등 노동 관련 이슈를 제기하더라도 사욕을 추구한다는 의혹을 받기 일쑤이지만, 다년간 축적된 경험으로 주변의 신뢰를 쌓으며 성공적인 성과를 이뤄냈습니다.

넷째, 긍정적입니다. 노동조합은 다양한 이해관계를 조율해야 하는 일이라 진척이 더디기 쉽고, 성과를 이루기 어렵습니다. 평가가 다를 수 있겠지만, 노동조합에 대한 정권과 기업의 입장은 아직까지 조직경영의 한 축으로 생각하지 않으며, 관리 혹은 통제해야 하는 대상으로 여길 정도로 열악합니다. 이러한 이유로 노동조합은 근로조건 개선과 직장 민주화를 넘어 사회연대라는 대의를 추구하기보다 기업의 효율성 강화 압력을 방어하는 일을 주로 해 왔습니다. 그러다 보면 부정성이 커지기 쉬우며, 제약조건을 뛰어넘지 못할 가능성이 큽니다. 긍정성을 잃지 않고 긴 호흡으로 노동조합을 해 왔기에 그동안 많은 성과를 이뤄냈다고 봅니다.

이제 낯선 곳에서 새롭게 출발하게 될 것이지만, 지금까지 살아온 것처럼 잘 살아가리라 믿습니다. 그동안 형과 나누었던 많은 얘기는 마음 깊숙이 언약으로 남아있을 것입니다. 형의 앞날은 들판에 한 무리의 꽃이 피어나듯 주변과 더불어 밝게 빛나리라 믿습니다. 평소 좋아하는 신영복 교수의 문구를 인용해 드립니다.*

언약은 강물처럼 흐르고

만남은 꽃처럼 피어나리.

---

* 신영복 지음, 『담론』, 돌베개, 2015

문성현 위원장과의 인연

 노동조합 행사차 경남 함양을 찾았습니다. 점심나절에 도착해 관계자들과 식사를 함께합니다. 경제사회노동위원회 문성현 위원장도 자리를 함께했습니다. 함양은 문성현 위원장의 고향입니다. 초등학교와 중학교를 함양에서 졸업하고 고등학교 이후부터 객지 생활을 했다고 합니다.

 유년시절을 보낸 곳이라 그런지 함양에 대한 애정이 남다릅니다. 함양군과 관련된 일이면 당신의 일처럼 발 벗고 나섭니다. 이번 노동조합과 지방자치단체의 MOU 체결에도 바쁜 일정을 팽개치고 행사에 적극적이셨습니다. 공식일정을 마치고 법화산 자락에 있는 법화사를 갑니다. 법화산은 지리산 북서쪽에서 계곡을 이루며 흘러

가는 임천의 북쪽에 있는 990m 봉우리 산입니다. 산 중턱(700m)에 자리 잡은 법화사는 정남향으로 터를 잡은 탓인지 햇살이 선명해 나무와 어우러진 주변의 풍경이 눈이 부시도록 아름답습니다. 법화사에서 남쪽을 바라보면, 큰 골짜기를 건너 멀리 지리산 줄기가 장관을 이룹니다. 지리산은 하봉, 중봉, 천왕봉을 지나 반야봉 서쪽으로 끝없이 이어져 있습니다.

백무동 계곡으로 자리를 옮겨 몇몇 분들과 저녁을 먹습니다. 문성현 위원장은 사람의 만남, 인연을 특히 중요하게 여기는 분입니다. 우리에게도 먼 걸음 했으니, 지역 분들을 소개해 주기 바쁩니다. 인연이 새로운 인연을 만들어 가면서 관계가 확장된다는 것입니다. 그러다 보면 생각과 행동이 비슷한 사람들이 모여 세상을 점차 바꿔나가리라는 믿음이 있는 듯합니다.

지난번 만남에서는 일두고택(一蠹古宅)을 소개해 주셨습니다. 일두고택은 조선 성종 때 대학자였던 정여창(鄭汝昌)의 고택으로 국가민속문화재 제186호로 지정되어 있습니다. 일두고택에서 함께 잠을 자면서 문성현 위원장이 살아온 인생 이야기를 들을 기회가 있었습니다. 진주에서 고등학교를 졸업하고 서울대학교 경영학과를 졸업했습니다. 학생운동을 했고 위장 취업을 했다가, 창원에 터를 잡으셨다고 합니다. 이후 노동운동을 하셨던 것이지요. 횟수로 일곱 번, 햇수로 7년 가까이 감옥살이를 했다고 합니다. 당신의 삶은 '노동이 주인인 세상, 함께 잘 사는 세상'을 꿈꾸는 것이었겠지요?

당신 평생을 그렇게 살아오셨는데, 현실은 오히려 불평등과 양극화가 심해지고 있으니 안타까운 마음이 얼마나 클까요? 노동을 알지 못하고, 노동조합을 제대로 이해하지 못하는 나로서는 당신의

삶은 초인(超人)의 것이었으리라 막연히 생각해 봅니다. 여전히 당신은 젊은 시절 품었던 이상과 희망을 품고 오늘을 살아가고 있습니다.

사람과의 관계, 더불어 살아가는 삶을 귀하게 여기는 당신의 삶에서 문득 신영복 교수의 '담론'에 소개된 '맹자' 이야기를 떠올려 봅니다. 신영복 교수는 맹자가 '만남과 인간관계를 중요시한 인물로 자본주의 현실에서 부정되는 인간관계'를 '점은 선이 되지 못하고'라는 제목으로 풀이했습니다. 맹자의 이야기를 짧게 소개할까 합니다. 맹자의 곡속장(穀觫章)에 이양역지(以羊易之)라는 부분입니다. 맹자가 인자하기로 소문난 제나라 선왕을 찾아가 '흔종(釁鍾)하러 가는 소를 양으로 바꾸라'라고 지시한 적이 있는가를 확인합니다. 제나라 선왕이 그런 적이 있다고 한 것에 대해 '양은 보지 못했고 소는 보았기 때문'이라는 것이 맹자의 해석입니다.

본 것과 보지 못한 것의 차이에 관한 것입니다. 본다는 것은 만남입니다. 보고, 만나고, 서로 아는, 이를테면 '관계'가 있는 것과 관계 없는 것의 엄청난 차이에 관해 이야기합니다. 이양역지를 통해 확인하려고 하는 것은 우리 시대의 인간관계와 사회성의 실상입니다. 맹자의 사단(四端)은 인의예지(仁義禮智)이며, 특별히 강조한 의(義)는 수오지심(羞惡之心), 부끄러움입니다. 부끄러움이라는 감정은 관계가, 만남이 지속적일 때 생깁니다.

도시는 자본주의가 만들었습니다. 그리고 그 본질은 상품교환 관계입니다. 자본주의 사회의 인간관계입니다. 얼굴 없는 인간관계, 만남 없는 인간관계란 관계없는 것과 다르지 않습니다. 얼마든지 유해 식품이 만들어질 수 있는 구조입니다. 우리 시대의 삶은 서로 만나서 선(線)이 되지 못하고 외딴 점(點)입니다. 더구나 장(場)을 이루지 못함은 물론입니다.

맹자의 얘기가 나왔으니 몇 글자 더 인용해 봅니다. 공자의 핵심이 인(仁), 측은지심(惻隱之心)이라고 한다면 맹자의 핵심은 의(義)라 할 수 있습니다. 의(義)는 인(仁)을 사회화한 개념이라 할 수 있습니다. 강조점에 차이가 있지만, 인(仁)도 물론 사회적인 개념입니다. 인(仁)이라는 글자가 두 사람을 뜻합니다. 공자가 춘추시대 사람이라면 맹자는 전국시대 사람입니다. '맹자'는 맹자와 양혜왕(梁惠王)의 대화로 시작됩니다. 전국시대 군주인 양혜왕은 부국강병의 방책을 주문합니다. 맹자의 답변은 '어찌 이(利)를 말씀하오리까?

오직 인의(仁義)가 있을 뿐입니다'였습니다. 사활이 걸린 패권 경쟁에 내몰리고 있는 군주에게는 이(利)는 가깝고 의(義)는 한참 먼 것입니다. 맹자의 인의는 방책이 못 되었고 결국 맹자는 전국시대의 절대군주에게 등용되지 못합니다.

맹자에서 가장 높게 평가되는 부분은 곡속장의 이양역지보다 민본사상(民本思想)입니다. 맹자는 민위귀(民爲貴) 사직차지(社稷次之) 군위경(君爲輕), 민이 가장 귀하고 사직이 그 다음이고 군이 가장 가볍다고 말합니다. 맹자의 민본사상은 정치사상에 국한되지 않습니다. 여민락(與民樂)이 그 예입니다. 여민락은 백성과 함께 즐거워한다는 뜻입니다. 진정한 즐거움이란 독락(獨樂)이 아니라 여러 사람과 함께하는 것이어야 한다는 것이 맹자의 여민락입니다.

맹자의 이야기가 길어졌습니다. 짧은 인연이지만 문성현 위원장과의 만남에서 맹자의 이야기를 실천하고 있는 분이라 생각했습니다. 우리의 저녁 자리는 늦은 밤까지 이어졌습니다. 백무동 계곡의 요란한 물소리는 밤하늘의 초롱초롱한 별빛과는 사뭇 대조적입니다.

　다음 날 아침 함양군 방향으로 돌아가는 길에 문성현 위원장께서 '금대암에 들렀다 가자'라고 하십니다. 저녁 자리에서 제가 '금대암에서 바라보는 지리산 조망이 일품이라고 하는데, 한번 가보고 싶다'는 얘기를 기억하고 계셨던 모양입니다. 금대암에 올라 지리산을 조망합니다. 사람을 존중하고, 주변 사람을 배려하는 마음은 멋진 풍경보다 더 오래도록 기억될 것입니다.

동지(同志)와
저녁 식사를 함께하며

 국책은행 노동조합 간부들과 오랜만에 문성현 위원장을 뵙습니다. 각자 삶이 있으니 마음이 있어도 자주 만나기가 어렵습니다.

 얼굴이 조금 그을리셨다는 생각이 들었고, 악수하며 움켜쥔 손은 까슬까슬합니다. 따사로운 햇살이 내리쬐는 가을날, 전형적인 농부의 손입니다. 장관급 인사이면서도 권위나 허세를 부리지 않습니다. 시골 부모님도 한창때는 그런 모습이었던 기억이 머리를 스칩니다.

 노동조합 간부들을 만나셔서 그런지, 노동운동의 방향성에 대해 한참을 이야기합니다. '마르크스는 공산주의를 이야기했지만 이미

공산주의는 실패한 것이지 않냐?'며 이제 우리의 노동운동도 투쟁일변도에서 대화와 타협으로 문제를 풀어가야 한다는 것입니다.

또 근로자에게는 무엇보다 일자리가 중요하니 고용안정과 일자리를 위해서는 기득권 노조도 양보해야 한다는 것입니다. 얼마 전 현대차 노조 위원장에게 '회사가 수익이 나야 임금을 올려줄 수 있으니 무조건 임금을 올려달라고 하기보다 유연성을 가져야 한다. 또 올해와 같은 시국에는 노조가 먼저 임금을 동결하는 대신 고용안정을 보장하라는 요구를 해야 한다'고 얘기했다 합니다.

노조의 역할에 대해서도 '산업 안전이나 제품의 품질을 책임지는 등 노사가 상생할 수 있도록 협력적으로 역할을 분담해야 한다'고 강조합니다.

마르크스가 자본론을 발표할 당시는 자본과 노동의 극한대립 상황에서 노동이 무한정 착취당하고 있었습니다. 아동이나 여성은 물론 노동인권이 존중받지 못했던 시절이었습니다. 자본가와 대립각을 세우며 '노동자여 단결하라'라는 구호가 가장 잘 어울렸던 시절이었을 것입니다. 100여 년이 지난 오늘날의 노동 선진국은 오히려 노사공동체, 혹은 노사민정 공동체가 함께 소통하며 지역사회를 이끌어가고 있습니다. 충분히 소통하였으니 방향성에 대한 공감대가 형성되고, 결과 또한 공동체가 함께 나누고 책임지는 문화가 정착된 것입니다.

집으로 돌아오니 중학교 2학년 아이는 교과서에 마르크스의 사회발전단계를 배우고 왔다며 원시공산제, 고대 노예제, 중세 봉건제, 근대자본주의, 공산주의의 발전단계를 읊고 있습니다. 우리나라 발전과정을 흔히 '압축성장'이라 얘기합니다. 일제 침략 이전에 근대

자본주의의 싹이 돋고 있었는지에 대한 논쟁이 아직 이어지고 있지만, 해방 이후의 상황은 100년 전 서방 국가들과 크게 다르지 않았으리라 봅니다.

해방 이후 자본과 노동의 관계가 제대로 정립되지 않았던 시절이었고, 자본은 초과이익을 추구하는 과정에서 노동착취를 당연시 여겼을 것입니다. '수출주도 경제성장'이라는 그럴듯한 명목으로 정부 관료나 사회지도층도 착취를 묵인하는 분위기가 팽배했을 것입니다.

70년대 중화학공업이 급성장하던 시절 노동운동을 한다는 것은 어쩌면 사회 분위기에 대한 저항을 의미했으며, 힘들고 어려운, 인생을 걸어야 하는 벅찬 일이었겠구나 싶습니다. 하지만 오늘날에는 고도성장기를 지나 이제 성숙기로 접어듭니다. 자본은 충분히 규모가 커졌고, 노동은 먹고사는 문제보다 함께 잘사는 문제를 고민해야 합니다.

이런 점에서 보면 현장에서 평생 노동운동을 하며 살아온 문성현 위원장의 현재 스탠스(Stance)는 현실적이면서 충분히 공감할 수 있는 것이라 판단됩니다. 사람은 누구나 주변과 견주어 경제적이든 정서적이든, 관계 측면이든 좀 더 나은 삶을 살고 싶은 욕구가 있을 것입니다.

문성현 위원장을 대할 때마다 '개인적인 삶보다 공동체를 위해 헌신하는 삶을 살아오셨구나' 라는 생각을 하게 됩니다. 햇볕에 검게 탄 피부처럼, 우리의 시대는 오래 남지 않았습니다. 공동체를 위해 헌신하는 삶을 살았노라고 주변과 역사가 이야기할 것입니다.

당신이 있어 행복한 저녁입니다.

<살아온 기적 살아갈 기적>
책을 선물하며

 오래전부터 가끔 책을 선물해 주는 형이 제가 좋아할 만한 책이라며 장영희 교수의 '살아온 기적 살아갈 기적'을 선물로 주셨습니다.* 수년 전 생명, 살아 있음의 의미를 함축적으로 기술한 아래의 문구를 접하며 장영희 교수님이 어떤 분인지 한참을 뒤적거렸던 기억이 있습니다.

 '생명을 생각하면 끝없이 마음이 선해지는 것을 느낀다. 행복, 성공, 사랑 등 삶에서 최고의 가치를 갖고 있는 이 단어들도 모두 생명이라는 단어 앞에서는 한낱 군더더기에 불과하다. 살아 있음의 축복을 생각하면 한없이 착해지면서 이 세상 모든 사람, 모든 것을 포용하고 사랑하고 싶은 마음에 가슴 벅차다.'

---
* 장영희 지음, 『살아온 기적 살아갈 기적』, 샘터, 2019

 살아 있음이 얼마나 소중한 것인지, 행복이나 성공이란 것도 살아 있음이 전제될 때 가능한 것임을 깨닫게 해 준 문장이었습니다. 허둥거리며 하루를 살아가는 우리도 삶의 끝이 멀지 않았음을 절감하는 순간이 오면 어쩌면 '살아 있음'에 감사하고, 용서하는 마음이 크게 자리할지도 모릅니다.

 지난해 아버지께서 치매 진단을 받으신 후, 저도 미래의 어느 날 당신과 같은 상황을 맞이할 수 있겠구나 하는 생각이 들었습니다. 노년의 모습 혹은 죽음을 막연히 편안한 모습으로만 상상했는데, 그렇지 않을 수도 있다는 불안감이 자리하게 된 것이지요.

요즈음 어느 때보다 계절의 변화가 빠르게 느껴집니다. 봄이 오나 싶더니 가을이 스치듯 지나갑니다. 코로나 탓에 대외활동을 하지 못한 이유도 있겠지만, 우리도 벌써 옛 어른들이 '시간이 쏜살같이 흐른다'라고 말씀하시던 그 나이에 이른 것이 아닌가 싶습니다.

책을 선물 받고 한동안 책꽂이에 두었었습니다. 며칠 전부터 읽기 시작했는데, 문득 당신께 선물로 드려야겠다 생각이 들었고, 저녁 약속까지 다 읽지 못할까 봐 급하게 책장을 넘겼습니다. 장영희 교수의 글을 통해 스스로 살아 있음에 감사하며, 주변에 좀 더 너그러워지면 좋겠다 싶습니다. 늘 감사합니다.

따님의 결혼을 축하드리며

 새벽 기차를 타고 부산으로 갑니다. 창밖 들판에 흰 눈이 얇게 쌓여 초겨울을 실감 나게 합니다. 동녘으로 붉게 아침이 밝아오고, 아직 얼지 않은 냇가에는 물안개가 하얗게 피어오릅니다. 냇가 주변으로 서리맞은 풀들이 뽀얀 솜털처럼 깔려있습니다. 달리는 기차에서 내다본 풍경이라 순식간에 지나가 버립니다. 사진을 찍으려 얼른 전화기를 들어 보지만 이미 늦습니다. 인생 아름다움의 순간도 이와 같지 않을까 잠시 생각해 봅니다.

 부산에 계신 직원 중 오늘 딸 결혼식을 올리는 분이 있습니다. 노동조합 집행부 유세차 부산본부에 들렀다 알게 된 분입니다. 매사 쓴소리에 처음엔 많이 긴장했었습니다. 3년 시간이 흐르는 동안 부산본부 모임에서 혹은 한려회(한국은행 여직원 모임)에서 자주 얼굴을 보며 꽤 친해졌습니다. 부산본부를 방문할 때마다 일부러 시간을 내어 맥주나 커피 등 가볍게 2차를 대접해 주기도 했습니다.

혹시 부담을 드릴 것 같아 결혼식에 참석하겠다는 얘기조차 하지 않았지만, 결혼식 소식을 접했던 날부터 일정을 미리 체크해 두었습니다. 평소 가졌던 고마운 마음 때문이었겠지요. 퇴직을 얼마 남겨두지 않은 상황에 자식을 출가시키니 다행이기도, 허전하기도, 아쉽기도 할 것입니다.

달리는 기차에서 김광석이 불렀던 '어느 60대 노부부 이야기' 노래를 떠올려 봅니다. 노래 가사처럼 젊은 시절 남편의 넥타이를 매어주고, 자식이 대학시험을 치던 날은 뜬눈으로 지새우기도 했었을 것입니다. 오늘 딸아이의 결혼식에선 또 어떤 기분이 들까요?

고마운 마음 한가득 담아 그분이 살아온 인생을 상상해 봅니다. 저도 이제 나이가 들어갑니다. 아이가 꽤 자라 엄마와는 편한 친구 같아 보입니다. 가끔 저랑 산책가면 뒷모습을 보고 '애인이 아니냐?'는 농담을 듣기도 합니다. 따님을 떠나보내는 당신의 젊은 날도 지금 저와 같은 시절이 있었을 것입니다. 많은 추억을 간직한 만큼 떠나보내는 아쉬움은 더 크리라 생각됩니다.

결혼식장에서 어머님의 손을 꼭 잡아봅니다. 밝은 표정과 허전한 표정이 교차합니다. 혹시 당신에게 작은 선물이 되지 않을까 하는 마음에 신부 입장을 기다리는 따님과 남편분을 사진에 담습니다. 오늘 당신의 삶처럼 따님의 삶도 행복으로 가득하길 기원해 봅니다.

정년퇴직한 선배님의 이야기

입행한 지 햇수로 벌써 16년이 흘렀습니다. 그러는 사이 40대 중반의 나이에 들어섰고, 회사생활을 한 기간만큼 시간이 더 흐르면 저도 퇴직을 하겠지요. 입행할 때 해맑게 맞이해주시던 분들이 한 분 두분 퇴직을 하고 제2의 인생을 출발합니다.

A는 특히 은행 생활 중 분위기를 주도하는 분이었습니다. 회식 자리는 물론, 등산이며 볼링 등 동호회 활동을 하면서도 주변에 항상 웃음을 안겨주었지요. 타부서에 근무하게 되어 뵙지는 못했지만, 당신을 떠올릴 때면 해맑은 웃음과 주변에 대한 따뜻한 배려가 잘 어울리는 사람으로 각인되어 있습니다. 올해 6월 퇴직을 했고, 9월에 따님을 시집보냅니다.

좋은 인연으로 남겨진 탓인지 결혼식 또한 축하해 주고 싶은 마음이라 일정을 메모해 둡니다. 결혼식에는 오랜만에 뵙는 분들이 많이 오셨습니다. 여러 지역에서 A와 동갑인 분들이 많이 오신 걸보니, 아마 따로 모임을 만들었던 모양입니다. 낯익은 분들이 많아덕분에 저도 인사를 나눕니다.

문득 씨앗이 자라 열매를 맺듯 '당신은 인생을 정을 나누고 베풀며 살았겠구나'하는 생각이 머리를 스칩니다. 이와 함께 저 또한 어떻게 인생을 살아야 할까? 스스로 반성해 봅니다. 직장생활도 지금까지 보내온 날보다 앞으로 보내야 할 날이 더 줄어들고 있습니다. 당신의 삶처럼 주변과의 인연이 오래 남겨지는 삶이면 좋겠다고 생각해 봅니다. 축하드립니다.

제주 워크숍에서의 소회

1. 함덕 해변

 제주를 올 때마다 함덕 해변과 서우봉을 거닐곤 했습니다. 아름다운 바다 빛과 완만히 언덕을 이루고 있는 낮은 봉우리의 산이 포근함을 전해주기 때문입니다.

 점심을 먹고 먼저 함덕 해변의 카페를 찾았습니다. 가을 햇살이 내리쬐는 함덕 해변의 백사장과 비취색 바다가 더없이 아름답게 느껴집니다.

 내심 일행분들에게 함덕 해변을 소개해 주기 위함이었지만, 제가 느낀 감정을 온전히 공감하지 못하는 게 아닐까 생각하니 사람마다 느끼는 감정이 제각기 다르다 싶습니다.

2. 미엘(Miel) 드 세화

미엘 드 세화는 제주시 구좌읍 세화리 해변에 위치한 카페입니다. 친하게 지내는 형의 친구가 서울 생활을 정리하고 제주로 내려가 마련한 것입니다. 해변에 위치한 데다 커피며 케이크 맛이 좋아 꽤 알려져 있습니다.

이곳 또한 제주의 동쪽 해변을 지날 때면 형과의 인연을 떠올리며 꼭 한번 들렀다 가는 곳입니다. 주고받는 대화는 많지 않지만, 서로 행복하게 지내기를 빌어주는 마음은 가득합니다.

3. 섭지코지

 섭지코지는 낙조가 아름다운 곳입니다. 언젠가 부모님과 함께 와 보았던 곳입니다. 저물어 가는 해를 등 뒤로 아버지와 어머니는 하트 모양의 포즈를 취해 사진을 찍기도 했습니다. 당신들의 느린 걸음에 보조를 맞춰 등대까지 올랐다 내려왔던 기억이 선명합니다. 돌아오는 길에 해가 저물고 어둠이 내리며 바람이 세차게 불기도 했었습니다.

 몇 번 와 본 경험 탓인지 가벼운 걸음으로 빠르게 등대까지 갔다가 천천히 걸어 내려옵니다. 처음 왔을 때의 감동은 사라졌지만, 촛대바위, 등대, 바다가 어우러지면서 멋진 풍경을 선사하고 있습니다. 하늘과 구름이 만들어내는 섭지코지의 낙조는 신이 재림하는 순간을 연출하듯 감탄을 자아내게 합니다. 둑에 올라서서 구름 사이로 붉은빛이 쏟아져 내리고, 바다를 붉게 물들이는 장면을 카메라에 담아봅니다.

4. 광치기 해변

성산 일출봉을 조망하기에 가장 적합한 곳이 광치기 해변입니다. 봄날 광치기 해변 주변에 유채꽃이 만발했던 기억이 있습니다. 잠시 해변을 거닐어 봅니다. 성산 일출봉엔 어둠이 내리고 서쪽 하늘은 검붉게 저물어 갑니다. 뛰어노는 아이들을 '그만 가자'라고 불러대는 어느 어머니의 목소리가 유난히 크게 들립니다. 찰나의 순간입니다.

유채꽃 만발했던 봄날 부모님과 함께 걸었던 광치기 해변은 그대로인데, 시간은 흘렀습니다. 불과 몇 년 새 급격히 노화가 진행되면서 다시 함께 올 수 있을까 싶습니다.

5. 한라산 영실코스

한라산 남서벽을 걸어 영실기암 쪽으로 하산하면서 석양에 비친 검붉은 병풍암과 오백나한을 보았던 기억이 강하게 남아있습니다.

'단풍이 물드는 계절에 다시 오리라' 생각했던 것이 20여 년 전의 일입니다.

가벼운 복장으로 오전 느지막하게 영실 주차장에 다다르니 차가 막힙니다. 주차장이 만석이라 나오는 차가 있어야 진입할 수 있다며 회차를 하던지, 아니면 아래쪽에 주차하고, 한참을 걸어 올라와야 한다는 것입니다.

이왕 왔으니 잠시라도 단풍을 만끽하며 걸어 보는 게 좋겠다 싶어 찻길 옆으로 난 산책로를 따라 걷습니다. 벌써 앙상한 가지만 남은 나무도 있고, 노랗게 혹은 붉게 물들어가는 나무도 있습니다. 푸른 소나무와 알록달록 가을을 맞이하는 나무들이 어우러져 있습니다. 세찬 바람에 몸이 떨려와 얼마 걷지도 못한 채 발걸음을 돌립니다. 준비 부족의 아쉬움도 있지만, 제주 영실코스에 올해 첫 상고대가 내렸다는 뉴스를 접하니 위안이 됩니다.

6. 중문 색달해변

한라산 주변에서는 추위 탓에 몸을 떨었는데, 중문 바닷가는 포근

합니다. 구름 한 점 없는 하늘과 잔잔한 바다가 지평선까지 이어집니다. 따사로운 햇살에 행복감이 저절로 밀려오는 듯합니다. 몇 해 전 가보았던 지중해의 바다가 떠오릅니다. 바닷가 전망 좋은 찻집에 앉아 꽤 오랫동안 여유를 즐깁니다. 몇 번 왔던 곳이긴 하지만, 얼마간의 시간이 흘렀고, 계절과 날씨, 함께하는 분들이 다르니 감정 또한 새롭습니다.

여러 무리의 사람 중 두 쌍의 노부부가 커다란 전문가용 사진기를 들고 해안선과 바다를 배경으로 사진을 찍기도 하고, 벤치에 앉아 여유를 즐기는 모습이 아름답습니다. 닮고 싶은 노년의 모습입니다.

가족 이야기

두 사람의 사랑도 이제 저녁노을 같다

10년 전쯤 친하게 지내는 형으로부터 정민 작가의 책 '미쳐야 미친다'를 선물 받았습니다.* 정약용 선생의 '두 사람의 사랑이 저녁노을 같다'라는 문구가 인상적이었던 기억이 있습니다. 오늘 부모님을 모시고 잠시 드라이브를 하고 저녁 식사를 합니다. 두 사람의 삶이 이제 저녁노을 같습니다.

두 사람의 사랑도 이제 저녁노을 같다.

그리움에 애가 타기는 해도 조바심은 차분히 가라앉았다.

젊은 날의 열정도 이제 다 빛이 바랬다.

* 정민 지음, 『미쳐야 미친다』, 푸른역사, 2004

얼려둔 산딸기

출근길 장대비가 내립니다.

쏟아지는 빗소리와 함께 사방이 캄캄해 옵니다.

문득 고향에 계신 어머니 생각이 떠올랐습니다.

밭농사를 짓는 부모님은 장마철 폭우가 쏟아지면 농작물이 늘 걱정이었습니다.

수화기를 들고 한참 동안 벨이 울리는 것을 기다립니다.

귀가 어두워 좀처럼 전화를 받지 않습니다.

이번엔 다행히 전화를 받습니다.

주고받을 특별한 얘기가 없으니 어머니는 '잘 있냐, 밥 먹었냐?' 묻습니다.

어릴 땐 별것 아닌 '밥 먹었냐?'는 질문이 귀찮았지만, 이젠 저도 제 딸에게 '밥 먹었냐?' 묻습니다. '아들아 사랑한다'라는 어머니의 다른 표현입니다.

몇 해 전 심어둔 산딸기나무에 열매가 많이 열렸는데 따 주지도 못한다고 아쉬워합니다.

'한강이 팥죽이라도 숟가락이 없어 못 떠먹는다'더니 '산에 산딸기가 주렁주렁 익어가는데 다리가 아파 한번 가보지 못했다' 합니다. 주말 어머님을 뵙고, 얼려둔 산딸기를 먹습니다.

어머니의 한마디,
고맙고 미안하요

1. 허리 수술

요즘은 외관상 나이를 분간하기 어려운 시절이지만, 44년생인 어머니는 허리를 제대로 펴지 못하는 영판 노인입니다. 평생 농사일로 분주했으며, 5남매를 무탈하게 키우려 애쓴 탓에 정작 당신을 돌보지 못했기 때문입니다.

몇 해 전부터 골다공증이 심해지고 등뼈가 하나씩 허물어지기 시작해 뼛속을 단단하게 채워주는 수술을 수차례 했었는데, 올해는 골반 근처의 커다란 척추뼈가 탈이 났습니다. 여름부터 일상생활이 어려워졌으며, 추석을 집 근처 병원에서 보내야 했습니다. 금새 퇴원이 가능할 줄 알았던 어머니는 오래 병원 신세를 지셨고, 제대로 된 치료를 받지 못해 퇴원하고서도 거동을 하지 못하셨습니다. 급기야 위장병까지 생겨 음식을 먹지 못하는 지경에 이르러 다시 입원해야 했습니다.

집 근처 병원에선 수술이 자신이 없었던 모양인지 신경차단치료를 하고 돌려보냈던 터라 부랴부랴 전문병원을 수소문했습니다. 다행히 지인의 소개로 허리 전문병원으로 옮기게 되었고, 통증이 심각해진 이후 4개월 만에 제대로 된 시술을 받게 된 것이지요.

2. 고맙소, 미안하요

크리스마스를 병원에서 보낸 다음 날, 어머니는 퇴원하면서 의사 선생님의 손을 붙잡고 '고맙습니다'는 인사를 연발하며 눈물을 쏟으셨다고 합니다.

더 이상 걷지 못할지 모른다는 불안감이 얼마나 컸을까 싶으면서도, 제대로 치료를 받았다는 안도감 때문이었겠지요. 밝은 표정의 어머니를 마주하니 저 또한 마음이 편해집니다.

 어머니는 '미안하요', '고맙소'를 입버릇처럼 말합니다. 건강하게 자라준 아들이 있다는 사실이 고마운 일이고, 전화를 걸어주거나 멀리서 찾아오는 일도, 차려놓은 밥을 맛있게 먹어주는 것도 모두 당신에겐 고마운 일입니다.

 또 병원 신세를 지게 되어 자식을 고생시켜 미안하고, 병원비가 많이 나와 부담을 줄 것 같아 미안하고, 바쁜 아들에게 신경 쓰일까 전화 한 통 하는 것조차 미안한 일입니다.

3. 어린 시절

어머니는 어린 시절 집안일을 도와야 한다는 이유로, 또 여자라는 이유로 외할아버지께서 공부를 시키지 않았다고 합니다. 초등학교 고학년이 되어서는 학교 간 날보다 가지 못한 날이 더 많아 졸업장도 겨우 받았습니다. '영감쟁이가 중학교를 보내주겠다 했는데, 보내주지 않았다'라는 게 평생 당신 가슴에 응어리가 되었습니다.

'애들 다 크고 나면 다시 공부할 기회가 있으면 좋겠다' 말씀하셨던 기억이 있습니다. 당신의 젊은 날이었고 저의 어린 시절이었는데, 어느새 수십 년의 시간이 지나갔습니다.

어린 시절 기억 탓에 어머니는 제게 늘 공부를 열심히 하라고 말씀하셨으며, 가끔 밭일을 시키는 것에 대해서도 고맙고 또 미안해하셨던 기억이 있습니다.

당신은 책상에 앉아 글을 읽는 것이 공부라 생각하셨던 탓에, 산과 들이 놀이터요 학습의 장이었던 아들에게 가끔 회초리를 들곤 하셨으며, 멍든 종아리를 보며 눈물을 글썽이며 미안해하셨습니다.

4. 가르침

  어머니는 채소를 기르고 팔아온 삶을 하루도 거르지 않고 평생 견뎌온 탓에 몸이 성한 곳이 없습니다. 폭풍우가 몰아치던 날도 들에 나가야 했고, 겨울 눈바람이 매섭게 날리던 날에도 주어진 삶을 덤덤히 견뎌왔어야 했습니다.

  나이가 들면서 하루하루 살아가는 것이 쉽지 않다는 것을 알게 되면서, 문득 '당신이 제게 준 가장 큰 가르침은 주어진 삶을 성실

히 살아내는 것'이 아니었나 생각해 봅니다.

 가끔 어려움의 순간이 찾아오곤 합니다. 포기하거나 달아나고 싶은 상황을 마주하게 되면, 저는 이를 온전히 받아들이고 성실히 견뎌내려 합니다. 체화된 긍정성과 인내심은 어머니 스스로 삶을 통해 전해준 큰 가르침이었음을 깨닫습니다.

 아침 출근길, 어머니께 전화를 드립니다. 밝은 목소리가 전해져옵니다.

대구탕

연말 고향 집을 찾았습니다.

부엌에서 어머니가 대구탕을 끓이는 소리가 들렸습니다.

아버지는 밤늦게 도착한 아들이 잠에서 깰까 봐 미리 아침 식사를 한 모양입니다.

오랜만에 고향 집에서 늦잠을 잤습니다.

어머니는 아들이 일어나는 것을 보고는 '마침맞게 일어났네' 하십니다.

아마도 어머니는 '마침맞게 일어났네'라는 말을 하기 위해 꽤 오랜 시간 다 끓여놓은 대구탕 앞에 서 계셨을 것입니다.

순간 가슴이 먹먹해 옵니다.

한없는 어머니의 사랑을 느낍니다.

그리고 저는 설날을 맞아 다시 고향 집으로 갑니다.

가족과 함께 즐거운 설 연휴 보내시기 바랍니다.

당신의 혼자된 밤

1. 어린 시절

어린 시절엔 식구가 많았습니다. 할머니와 할아버지, 엄마와 아빠, 그리고 5남매가 작은 집에서 함께 북적거렸습니다. 할아버지가 돌아가신 후 대학 진학하기 전까지 저는 늘 할머니 곁에서 잠을 잤습니다. 어린 시절엔 새벽에 꾼 꿈이 무섭다며 할머니 품에 안겨 다시 잠들기도 했으며, 이불에 오줌을 싸 혼이 나기도 했습니다.

기와집을 허물고 단층 짜리 양옥집을 지어 20여 년을 살았고, 마당 한편에 있는 화장실을 집안으로 들이고, 연탄보일러를 가스보일러로 교체하는 등 실내공사를 해 다시 10여 년을 살았습니다. 세월이 흐르면서 할머니는 돌아가셨고, 5남매는 모두 결혼을 해 집을 떠났습니다.

아버지는 입버릇처럼 '일제 강점기엔 일본으로 건너가 돌아오지 못한 사람들이 많았고, 해방 후 동네 형들은 어디론가 끌려가 돌아오지 못했다'고 얘기하곤 했습니다. 50년대 후반 최전방에서 군생활을 하는 동안 밤새 죽고 죽이는 일이 흔했다고 합니다. 어쩌면 아버지는 어린 시절의 경험에 비추어 갑작스럽게 죽음을 맞이할 수 있다는 생각을 하셨던 탓인지 삶에 강한 애착을 보이셨는지도 모릅니다. 얼마 전부터는 다른 사람들이 경험한 일들을 본인의 경험으로 착각하기도 했고, 주변인들에 대해 의심이 많아졌습니다. 그러다 결국 아버지는 요양원에 입원하셨습니다.

2. 혼자 남겨진 밤

아버지를 병원에 모시니, 주변에서 '아버지를 집에 모시지 않고, 병원에 보냈다'며 이런저런 소리를 하는 모양입니다. 어머니는 제게 '최근 아버지가 얼마나 힘들게 하셨는지' 한참을 얘기합니다. 저는 '어머니가 제일 중요하니 주변 사람들 말에 신경 쓸 필요 없어요'라고 위로합니다. 아들에게 당신 잘못이 아니라는 위안을 받고 싶었는지 모릅니다.

 고향 집엔 이제 어머니 혼자 남겨졌습니다. 가끔 자식들이 오가지만 밤은 외롭습니다. 오늘은 어머니와 함께 방에 누웠습니다. 시시콜콜 살아가는 이야기들을 쏟아냅니다. 얼마 전 버스를 타고 하나로마트를 찾아가다 길을 잃어버려 누군가의 도움을 받았다거나, 열쇠를 상자에 넣어놓고 온종일 집안을 뒤졌다는 얘기를 웃음 섞인 말투로 한참 동안 쏟아냅니다.

혼자 되고선 마치 경험한 것처럼 생생한 꿈을 자주 꾼다고도 합니다. 저도 어머니의 인생이 어렴풋이 이해되는 나이가 되어가는 듯합니다. 애써 당신의 이야기에 집중하고 이것저것 호기심 있게 물어보기도 합니다. 해맑은 어머니의 모습을 마주하는 제 마음은 안타깝습니다.

혼자 남겨진 밤이 길어집니다. 당신은 이 집을 살아서는 떠나지 않을 것이라 얘기합니다.

아버지의 가르침

어린 시절, 가장 존경하는 분은 '아버지'였습니다. 평소 말수가 적으셨던 아버지는 우정, 책임감, 정의감, 효도하는 삶 등을 실천으로 제게 보여줬습니다. 저도 나이가 들어가고 있습니다. 당신의 젊은 시절처럼 잘 살지 못하는 것 같아 늘 죄송한 마음입니다.

1. 우정

어린 시절에는 아버지의 친구인 우*열이라는 분이 우리 집에 자주 놀러오시곤 했습니다. 저녁 즈음 약주를 한잔 드시고는 선물 꾸러미를 들고 오셔서 할머니와 말씀을 나누기도 하고, 저를 앉혀놓고 한참을 얘기하시기도 했습니다.

'내가 니 아버지 제일 친한 친구다. 한복이가 군대에서 내 빤쭈를 찾아주고 그랬다.'

말씀인즉슨 동네 친구로 자라 군대를 함께 갔는데, 군 생활 중 누군가 팬티를 훔쳐가면 아버지가 찾아주곤 했다는 것입니다. 약주라도 한잔하면 친구의 어머니, 또 친구의 자식들이 떠올라 뭐라도 챙겨주고 싶은 마음이 있었던 모양입니다. 저도 누군가와 짙은 우정을 나누며 살아야겠다 생각했습니다.

2. 책임감

한번은 아버지 친구분께서 용돈을 주고 가셨습니다. 저는 아버지께 말씀드리지 않고 돈을 썼습니다. 며칠이 지나 아버지는 저를 부르셔서 '누가 얼마를 주고 갔느냐?, 왜 얘기를 하지 않았느냐?'라고 혼을 내셨습니다. 이젠 용돈을 준 분이 누구셨는지, 또 어디에 썼는지 기억나지 않습니다.

당신은 제게 '누군가 신세를 졌으면 갚아야 하는데, 얘기하지 않아 모르고 있다 결례하지 않겠느냐?'는 것이었습니다. 집안 가장으로 주변을 살피고, 사소하게라도 신세 지는 것을 조심스러워했습니다. 집안의 가장으로써 책임감이 무엇인지 각인시킨 사례입니다.

3. 더불어 살아가기

어린 시절 오후가 되면 집 마당 감나무 그늘에 사람들이 모였습니다. 장기를 두거나 막걸리를 몇 잔씩 기울이기도 했습니다. 일을 마치고 돌아온 동네 어르신들이 두어 시간 쉬었다, 어둠이 내리면 집으로 돌아가곤 했습니다. 저는 가끔 막걸리 심부름을 다녔던 기억이 있습니다. 동네에서 잔치가 있으면 그 음식을 가져와 평상에 앉아 나눠 먹기도 했고, 소나 돼지를 잡아 몸에 좋다며 간, 천엽 등을 먹었던 기억도 있습니다.

고등학교에 가고 또 대학을 가면서 동네 어르신들의 기억이 흐려질 즈음, 농사일과 막노동을 했던 당신들은 고단한 일상 탓이었던지 채 환갑을 넘기지 못하고 한분 두분 돌아가셨습니다. 지나고 보니 감나무 그늘이 당신들의 작은 안식처가 되었던 모양입니다. 이웃과 더불어 살아간다는 것이 요즘에는 참 보기 어렵습니다. 오래된 기억입니다.

4. 가훈(家訓)

고등학교 시절 붓글씨 수업에 가훈을 적기로 했습니다. 당신께서 '근면'을 말씀하셨습니다. 붓글씨를 제대로 배운 적이 없으니 잘 쓴 글은 아니었지만, 액자에 담아 오랫동안 집에 걸어뒀던 기억이 있습니다.

당신은 매일 새벽 소여물을 삶아 소에게 먹이는 것으로 하루를 시작합니다. 가끔 새벽에 아버지 곁에 앉아 아궁이에 타오르는 불을 한참 동안 바라보았던 기억이 있습니다. 불이 잘 타게 하려면 공기가 통해야 한다며 나무와 나무 사이에 공간을 마련하는 걸 배웠던 기억도 있습니다.

소로 밭을 갈면서 땀을 뻘뻘 흘리시던 당신을 기억합니다. 어머니께서 심부름을 시켜 아버지께 중참(中站)으로 막걸리를 가져다드리곤 했습니다. 어렵게 살아왔던 당신에게 고된 일상을 잊기엔 막걸리가 큰 힘이 되었으리라 생각됩니다.

5. 정의감

당신과 함께 할아버지 산소 벌초를 하러 가던 중 이웃 주민을 만납니다. 연배가 어렸는지 아버지께 '산소 가십니까? 형님'이라고 인사를 합니다. 반갑게 인사를 주고받으시다, 잠시 아버지는 '길을 이렇게 물고 있으면 어쩌나?'라고 호통을 칩니다. 이웃 어른께서 대문 앞 계단을 만들면서 도로를 많이 침범했기 때문입니다.

아버지는 머뭇거리다 갓 만들어놓은 계단을 발로 뭉갭니다. 순간

분위기는 싸늘해집니다. 이웃 어른은 곡괭이를 들고 위협하며 분위기는 긴박해집니다. 얼마간의 언쟁이 있고, 주변 분들의 중재로 다툼은 마무리됩니다. 산소로 가는 길에 아버지는 '이 길은 새마을운동을 하면서 이웃 주민들이 함께 만들었는데, 자기들 편하게 쓰겠다고 공용도로를 함부로 침범하면 되나?'라고 말씀하십니다.

벌초하고 돌아오는 길에 보니 이웃집의 완만했던 대문 앞 계단은 도로에서 뒤로 물러나 가파르게 다시 만들어져 있습니다. 얼마간의 시간이 흐르고, 아버지와 이웃 어른은 화해했습니다. 어린 시절 '큰 싸움이 나면 어쩌나?'하고 걱정했던 기억이 있으며, 당신의 모습이 강하게 각인되어 있습니다. 저는 늘 아버지를 닮은 삶을 살아가고 있는지 자문하게 됩니다.

6. 효도

만으로 채 네 살이 되기 전에 돌아가셨으니, 할아버지에 대한 기억은 희미합니다. 5일마다 열리는 시장 구경을 갔다 돌아오는 길, 기찻길 옆 나무 그늘에 앉아 쉬었던 기억 등 몇몇 풍경화 같은 모습만 강하게 각인되어 있습니다. 할머니는 녹내장을 앓으셔서, 주변을 더듬거리며 지내셨습니다. 부지런한 분이셨으니 집안은 늘 깔끔했습니다. 음식 솜씨가 좋아 다른 사람이 해 주는 음식이 성에 차지 않았으니 주변 분들이 꽤 힘들었을 것입니다. 당신이 만들어준 칼칼한 갈치조림이 가끔 생각이 납니다.

언제부턴가 할머니는 노인정까지 혼자 걸어갔다 오질 못했고, 식사를 챙기기도 어려운 상황이 되었습니다. 아버지는 할머니를 노인정에 모셔드리기를 하루도 거르지 않았습니다. 노인정 분들이 할머니께 소홀하지 않도록 함께 계신 분들께 자주 용돈을 드리거나 음식을 대접하곤 하셨던 기억이 있습니다.

당신께서 섬기셨던 만큼, 효($孝$)를 다하지 못해 늘 죄송한 마음입니다.

부모가 되면 알게 되는 것

경찰 간부로 있는 친구와 식사를 하다 어린 시절 이야기를 나눴습니다. 친구는 대학입학을 앞두고 용돈을 마련하기 위해 신문 배달을 했던 일화를 얘기합니다. 어린 나이였으니 날도 추웠고 새벽을 맞이하기도 힘들었을 것입니다. 이젠 웃으며 얘기할 수 있는 나이가 되었습니다.

저도 초등학교 시절 동네 친구를 따라 새벽 신문 배달을 몇 번 했던 기억이 있습니다. 돈을 벌 수 있다는 사실에 한 두 달 신문 배달을 할까 하는 욕심이 생기기도 했습니다. 갖고 싶은 게 많은 나이였고 넉넉하지 못한 살림이었으니 그럴 만 했습니다.

 아버지께 '신문 배달을 해 용돈을 벌면 어떨까요?'라고 물었던 적이 있습니다. 당신은 내게 '하고 싶은 걸 해라. 돈은 어른이 되어서 벌면 된다'고 퉁명스럽게 얘기하셨습니다. 또 당신은 초등학교를 졸업하고 우체국 전보배달을 했다고 하시며, '공부하는 것까지는 내가 해 준다'라고 말씀하셨던 기억이 있습니다.

 당신은 37년생이시니 중학교에 가야 할 시기에 6.25가 터졌고, 이러저러한 이유로 1~2년 시간이 흘러 야간 중학교로 진학을 했습니다. 그것이 전부입니다. 동생이 주간 중학교로 가야 했으니 형편이 되지 못했을 것입니다. 당신은 언젠가 할아버지께 '왜 공부를 시키지 않았느냐?'고 화낸 적이 있다며, 돌아가신 할아버지께 죄송하다는 얘기도 하셨습니다.

친구와 얘기를 나누다 문득 병원에 계신 아버지가 떠올랐습니다. 어린 시절 저는 늘 아버지가 존경스러웠으며, 당신처럼 삶을 살아야겠다고 생각했습니다. 이젠 그 기억조차 까마득합니다.

제주 가족 여행

 부모님과 함께 제주 여행을 합니다. 새벽 일찍 여행준비를 하느라 아침 식사를 하지 못했습니다. 제주공항 주변 맛집을 가니, 봄꽃을 구경하기 위해 찾아온 사람들이 북적입니다.

 첫 번째 목적지는 함덕 해변과 서우봉입니다. 제주에 오면 자주 찾아오는 산책길을 구경시켜 드리고 싶은 마음이 컸습니다. 해변 산책을 할 수 있도록 바닷가에 부모님을 내려드리고, 한참 앞쪽에 차를 세우고 거꾸로 걸어옵니다. 벤치에 앉아 바다를 배경으로 사진을 몇 장 담습니다. 서우봉 정상을 부모님과 함께 오르고 싶은 욕심이 있지만, 현실은 여의치 않습니다. 연로하신 아버지는 오래 걷지를 못하시고, 어머니는 올해 초 두 번째 허리 수술을 받으신 후

거동이 많이 불편해졌습니다.

 아버지가 벤치에 잠시 쉬는 동안 어머니는 누나들의 부축을 받으며 서우봉 자락 유채꽃 만발한 곳까지 갔다 옵니다. 아버지를 모시고 바닷가에 잠시 앉아있으니 바람이 차가워, 차로 이동하기로 합니다. 바람이 차단된 공간에 앉으니 햇살의 따사로움만 전해옵니다. 아버지는 '아따 따시네'라며, 짧은 순간 졸음을 즐기고 있습니다. 김녕리, 월정리, 세화리로 이어진 북동쪽 해안가를 돌아, 바다가 보이는 작은 카페에 앉았습니다. 지인의 친구가 운영하는 곳이라 근처를 지날 때마다 찾아오곤 합니다. 돌담 아래 다발로 핀 보라색과 흰 꽃이 아름답습니다.

 한참을 앉았다 유채꽃으로 유명한 표선리로 이동합니다. 유채꽃과 벚꽃이 어우러진 길 사이로 차량 행렬이 줄을 잇고 있습니다. 제가 잠시 차에 있는 동안 누나들은 부모님을 모시고 노란 유채꽃을 배경으로 사진을 찍고 옵니다. 여행준비차 새벽부터 서둘렀다는 핑계로 조금 일찍 서귀포 주변 숙소에 도착했습니다.

 둘째 날은 카멜리아힐과 송악산 둘레길을 걷습니다. 동백꽃으로 정원을 만든 카멜리아힐은 산책하기가 좋습니다. 단체관광을 온 사람들이 여러 무리 지나가기를 반복하는 동안 우리는 군데군데 마련된 벤치에 앉았다 가기를 반복하며 천천히 산책합니다. 산방산 용머리 해안 인근 식당에서 칼국수로 요기를 하고 송악산 둘레길을 걷습니다. 부모님께서 걸을 수 있을까 염려했는데, 누나들의 부축을 받으며 송악산을 한 바퀴 다 둘러봅니다.

셋째 날은 에코랜드를 찾았습니다. 몇 해 전 왔을 땐 수선화 꽃이 진 이후라 아쉬움이 컸었는데, 지금은 꽃이 만발했습니다. 기차를 타고 이동하다 연못 정원과 곶자왈, 튤립정원 등을 둘러봅니다. 구경하라며 어머니와 누나 일행을 보내고, 아버지와 저는 무심히 벤치에 앉아 잠시 낮잠을 자기도 합니다. 오후에는 소나기가 지나갑니다. 숙소로 돌아오는 길에 구름이 걷혀 애월리 해변으로 난 길을 잠시 산책해 봅니다. 해넘이를 보기 위해 언젠가 다시 한번 와야겠다고 생각해 봅니다.

 마지막 날 아침에 일출을 볼까 싶어 새벽 일찍 잠에서 깹니다. 밤새 비가 내렸는지 길이 촉촉이 젖었습니다. 해변을 따라 잠시 산책을 하자니 공기가 찹니다. 아침을 먹고 짐을 챙기는 동안 구름 사이로 해가 뜹니다. 하늘이 푸릅니다. 해안가를 따라 공항으로 이동하면서 잠시 용두암에 들립니다. 제주에서의 마지막을 기념하려 단체사진을 찍습니다. 여행의 끝은 늘 아쉬움이 남습니다.

 공항에서 어머니 어깨를 두드리고, 아버지와 악수를 합니다. 활짝 웃으며 손을 꼭 잡아주시는 아버지께 조심히 올라가시라 인사를 건넵니다. 당신의 웃는 모습은 오래 기억될 것입니다.

소백산 부석사
낙조를 바라보며

　입대를 앞두고 처음 혼자 떠난 여행의 목적지가 부석사였습니다. 영주터미널 주변 마을에 몇 그루의 커다란 정자나무가 인상적이었던 것으로 어렴풋이 기억합니다.

　부석사를 구경한 이후 희방사를 지나 소백산 연화봉에서 비로봉으로 이어진 어느 능선길에 저물어가는 해를 보며 혼자 비박을 했었습니다. 텐트 없이 매트와 침낭만으로 소백산 능선길에 누워있자니 바람이 나뭇가지를 흔드는 작은 소리에도 형언할 수 없는 공포가 밀려왔던 기억이 생생합니다. 또 그날의 밤은 얼마나 길었던지.

　쌀쌀한 추위 속에서 날이 밝아오기만을 기다리던 고독의 시간, 칠

흑 같은 어둠을 뚫고 찾아온 일출이 빚은 아름다움의 순간은 잊히지 않는 기억으로 남았습니다. 사방을 붉게 물들이며 뻗어온 빛의 경이로움 혹은 스스로 뿌듯함 때문일까요? 소백산에서의 일출은 마치 비박을 무사히 마친 사람에게 여행을 즐길 수 있는 자격증을 전달하는 듯했습니다. 1995년 가을의 일이니 벌써 20여 년 전의 기억입니다.

오늘은 거동이 불편해진 부모님을 모시고 부석사를 다시 찾았습니다. 아버지는 늦가을 낙엽 진 나무처럼 기력이 쇠하셨고, 어머니는 허리가 휘어 걸음이 온전치 못합니다. 누나들이 팔짱을 끼고 부축을 합니다.

부석사 무량수전을 둘러싼 산자락은 커다란 나무들이 병풍처럼 둘러있습니다. 소백산의 그림자는 마치 커다란 독수리가 날개를 펼쳐 품은 듯, 포근함을 줍니다. 멀리 태양이 떨어지는 서쪽으로는 붉은 노을이 채 미치지 못할 만큼 길게 뻗은 백두대간의 줄기가 이어져 있습니다.

어쩌면 다시 보지 못할 순간이란 생각에 무량수전 마당에 서서 해가 떨어지는 모습을 끝까지 지켜보고 섰습니다. 부모님은 날이

춥다며 진작 차로 이동을 합니다. 노을이 지듯 부모님의 삶이, 또 우리의 삶이 저물어 갈 것입니다. 늦가을 싸늘한 바람이 허전함을 더합니다.

  노을이 그렇듯 개인적인 삶도 작은 아름다움으로 남겨지기를, 또 저물어가는 순간까지 누군가와 서로의 곁을 지키며 추억을 얘기할 수 있기를 기원해 봅니다.

마지막 순간이 다가오면

 아버지께서 신경과 병원에 입원하시고 처음 병문안을 갔습니다. 아버지께서는 병원에서 본인의 인생을 저장해둔 동영상을 틀어주더라는 얘기를 합니다. 의사 선생님과 함께 밤새 영상을 봤다는 것이지요.

 자신도 기억하지 못하는 인생을, 할아버지 할머니와 함께하던 어린 시절부터, 당신 자식을 낳아 기르던 시절 등 몇 시간 동안 동영상을 틀어주더라는 겁니다.

 아버지 동영상을 누가 가지고 있을 턱이 없는데, 찬찬히 듣고 있다 보니 당신 기억과 머릿속 그 무엇이 인생을 파노라마처럼 지나

가도록 한 것인 모양입니다. 당신 얘기를 듣고 있으니, 스크루지(1842년 찰스디킨스의 소설 '크리스마스 캐롤'의 주인공)의 일화가 사실일지도 모르겠구나 싶었습니다.

 꿈이든 생시든 짧은 순간 인생의 파노라마를 관망하는 경험은 자신을 돌아보는 좋은 기회가 아닌가 싶습니다. 저는 가끔 돌아가는 순간을 떠올려봅니다. 훗날 '삶이 스스로 부끄럽지 않았는가?'라고 자문할 것입니다. 그것이 오늘 의사결정의 판단 기준이 됩니다.

가을 남산 산책

출근길 가을 하늘이 발걸음을 남산으로 유혹합니다. 이른 아침에 운동 삼아 산책을 나오신 분들이 간간이 보입니다. 좁은 계단 길에 할머니 두 분이 사람이 지나가기를 잠시 기다립니다. 살짝 스치듯 지나가는 당신들의 모습을 곁눈질해 봅니다. 어머니가 순간 떠올랐기 때문입니다.

아버지는 어제 저녁 심장박동이 불규칙해 응급실을 가셨습니다. 밤늦게 누나는 괜찮아지셨다며 연락을 했습니다. 얼마 전 아버지를 뵙고 살이 좀 빠지셨다는 생각을 했습니다. 도드라져 보이는 눈두덩과 멍하니 허공을 응시하는 눈에서 삶이 순간처럼 느껴졌습니다. 다시 돌아오지 못하실 것이라는 생각에 마음이 아려옵니다.

 남산자락은 색을 갈아입고 있습니다. 높은 나무 혹은 낮은 풀 모두 제각각 하늘에 가까운 잎과 열매부터 가을을 만납니다. 어린 시절 마당에 감나무 열매가 하필 꼭대기서부터 익어가던 기억이 떠오릅니다. 얼핏 보기에 같아 보이는 것조차도 계절을 만나는 그들만의 순서가 있는 모양입니다.

아버지 똥

1. 병문안

 아버지는 귀가 좋지 않아 오래전부터 보청기를 하셨습니다. 큰 소리로 얘기를 주고받으면서도 주변 사람들의 얘기를 잘 듣지 못합니다. 농기계로 밭을 갈면서 시끄러운 엔진 소리에 오래 노출된 탓도 있겠지만, 어쩌면 할머니도 귀가 좋지 않았으니 유전인지도 모릅니다. 귀가 좋지 않으니 주변과 소통이 어렵습니다. 기억이나 상상에 많이 의존하셨는데, 어느 순간부터 의심이 많아지셨습니다.

 정신과 진찰을 받으면 좋겠다 싶어 진료예약을 했는데, 병원에서 '내가 치매인 줄 아느냐?'라고 화를 내시며 돌아왔던 기억이 있습니다. 얼마 지나지 않아 아버지는 입원하셨습니다. 지난해 봄의 일이니 무성했던 푸르름은 이제 앙상함으로 계절이 바뀌었습니다. 병원에 계신 아버지는 '며칠 똥을 누지 못했다'며 간병인분께 수차례 얘기를 한 모양입니다. 병문안을 간 저에게도 같은 얘기를 하시고, 간병인도 제게 신경 쓰고 있노라 전하고 갑니다.

돌이켜보면 아버지는 가끔 변을 보기 힘들다거나 관장약을 먹었다고 얘기하곤 했었습니다. 같이 있던 시간보다 떠나온 시간이 많은데, 똥을 잘 누지 못한다는 아버지의 말씀이 기억 속에 있는걸 보면 자주 얘기하셨던 모양입니다.

한동안 병원에만 계셔서 답답해하는 아버지를 모시고 잠시 드라이브를 합니다. 바닷가 주변으로 건물이 많이 들어서서 그런지 아버지는 어딘지 전혀 알지 못합니다. 익숙한 길에 나와 대충 지리를 설명해도 그저 퉁명스러운 대답이 돌아올 뿐입니다.

'지금도 금방 똥이 나올 것 같은데 화장실을 가면 나오지 않는다'며 갑갑한 듯 얘기하십니다. 몇 번 와봤을 법한 옛길에 차를 몰고 가 봅니다. 좀처럼 기억이 돌아오지 않는 모양입니다.

병원으로 돌아와 마당 산책을 하다 똥을 눴다며 바짓가랑이 사이로 흘러내리려 합니다. 바지를 무릎까지 걷어 올려보기도 하고, 접어보기도 합니다. 저는 잠시 바지 끝단을 잡아당겨 신발 옆으로 흘러내리게 합니다. 잠시 눈물이 울컥합니다.

화단에 똥을 눴다는 걸 아무에게도 얘기하지 않은 채 아버지를 병원에 다시 모셔다드리고 돌아옵니다. 어쩌면 '나의 미래도 아버지와 같은 순간이 오겠구나'하는 생각에 마음이 아립니다.

2. 젊은 시절

할아버지 산소를 산 중턱 밭 한편에 썼습니다. 1979년의 일이니 벌써 40년은 더 되었습니다. 봄가을 성묘를 하러 갈 때 아버지는 당신의 젊은 날을 얘기하곤 했습니다.

일거리와 먹을 것이 흔하지 않았던 시절이라 청년들이 삼삼오오 모여 빈둥거리기도 했고, 춘궁기에는 나무뿌리를 캐 먹기도 했다고 합니다. 먹고살기 힘들었던 시절, 넓은 땅을 갖겠다고 평지의 기름진 땅을 팔아 산 중턱 땅을 샀다고 합니다. 비스듬한 터를 일일이

평지로 만들고, 돌을 골라내 계단식 밭을 만들었습니다.

 퇴비가 귀하던 시절이라 집에서 똥장군을 지고 밭까지 올랐다고 합니다. 똥장군을 지고 어디 어디쯤 쉬었다 오르기를 반복했었노라 하셨습니다. 집에서 산밭까지는 밭두렁 길을 꽤 올라야 합니다. 똥장군을 지고 산을 오르는 일은 무척 힘드셨을 것입니다. 길도 제대로 없던 시절이었으니 오죽했을까요?

 밭에선 주로 고구마를 길렀고, 가을 고구마 맛이 일품이었다고 회상하며 얘기했던 기억이 있습니다. 거름을 주고, 작물을 심어, 성큼성큼 자라는 모습을 보는 것이 얼마나 큰 기쁨인지 농사를 지어본 사람은 잘 알 것입니다. 당신의 젊은 시절은 노동과 땀과 수확과 여유로움으로 채워졌을 것입니다.

산밭에 서면 진해 앞바다를 지나 멀리 거제도까지 훤히 내려다보입니다. 고구마를 심어 먹던 밭은 어느새 대나무가 무성히 자랐고, 논과 밭으로 가득했던 풍경은 아파트와 빌딩으로 채워졌습니다. 저도 어린 시절의 기억은 옅어져 갑니다.

3. 아버지 똥

문득 아버지 똥이 떠올랐습니다. 똥장군 지고 나르던 당신의 젊은 시절 이야기에서 노인이 되어 똥을 제대로 가누지 못하는 오늘의 삶이 찰나(刹那)의 순간처럼 여겨집니다.

젊은 시절 아버지께서 일구고 가꿨던 고구마밭이 대나무 무성한 숲으로 변하듯, 당신과 함께 과거를 회상했던 시절은 이제 기억에 묻어야 합니다.

아버지께서 영영 떠나실까 안타까운 마음입니다.

장인어른의 칠순 잔치

1. 칠순 잔치

 장인어른은 2018년 일흔이 되셨습니다. 주민등록상 1950년 1월 생인데, 태어나기는 49년 11월에 태어나셨다고 합니다. 갓난아이가 생존하기 쉽지 않았던 시절이라 흔히 있었던 일입니다. 2018년 말 처가 식구들과 보령에서 칠순 잔치를 했습니다. 잔치라고 해 봐야 장인어른 주변 분들과 자식, 손자 손녀가 한자리에 모여 저녁 식사를 같이하는 정도입니다.

 아내는 수산물 시장에서 생선회, 홍어, 새우, 킹크랩 등을 장만했고, 마른안주며 과일, 돼지 수육도 꽤 많이 준비했습니다. 누가 다

먹을까 싶은데, 아내는 '칠순 잔치에 오는 분들께는 뭐라도 두 손 무겁게 싸줘야 한다'며 음식을 더 장만하지 못해 아쉬워합니다.

 해안가 펜션에서 가족 친지들이 모였습니다. 장모님은 장모님대로 푸짐하게 음식을 준비해오셨고, 처남댁도 따로 장만해온 음식이 많습니다. 차려온 음식으로 점심을 먹습니다. 저녁은 근처 횟집을 따로 예약해 두었습니다. 저녁 내내 삼삼오오 모여 얘기를 나눕니다.

 장인어른은 사람들이 모이는 걸 무척 좋아합니다. 가끔 손자 손녀들을 모아놓고 기분 내는 것도 즐기십니다. 아이들 기를 살려줘야 한다며 용돈을 주거나 놀아주기도 잘 합니다. 이번에도 고등학생인 큰처남 첫째 딸이 학교에서 장학금을 받았다며 거액의 축하금을 전달합니다. 다른 손자 손녀도 장학금을 받으면 더 많은 축하금을 주겠다며 허풍 섞인 얘기도 합니다. 손자 손녀들이 공부 잘하길 바라는 마음이겠지요. 장인어른은 개구쟁이처럼 자주 장난을 치기도 합니다.

2. 퇴직 이후

공군 준위로 예편을 한 후 진주, 산청 일대에서 10여 년 농사를 지으셨습니다. 부지런한 성격 탓에 잠시도 쉬지 않고 채소며 과일을 키워 시시때때로 자식들께 나눠줍니다. 봄이 오면 두릅, 고사리 등 봄나물을 채취하고, 늦봄에는 자두며 매실을 수확합니다. 여름에는 감자며 배추 등 갖가지 채소를 길러냅니다. 가을에는 고구마, 더덕, 감, 배 등은 물론 들깨 기름을 짜 주기도 합니다. 수확량이 많은 매실, 자두, 밤이나 감, 곶감 등은 경매에 내거나 아름아름 팔기도 합니다.

결혼한 지 벌써 10여 년이 흘렀습니다. 가끔 처가에 갈 때면 비료를 흩거나 농작물에 물길을 대기도 합니다. 곡식이 익어가는 계절에는 감을 따거나 밤을 줍는 등 갖가지 농작물을 수확하는데 일손을 거들기도 합니다. 정성스레 농사지은 물건이라 고마운 분들과 나눠 먹고 싶은 욕심에 계절이 바뀔 때마다 일부러 장인어른께 부탁해 지인들에게 선물로 드리기도 합니다.

3. 젊은 시절

아내는 어린 시절 가족과 함께 지겹도록 물놀이를 했다고 합니다. 장인어른은 가끔 화를 내기는 했지만, 자식들과는 살갑게 지내려 애를 썼으며 특히 딸인 아내와는 친구처럼 지냈다고 합니다. 큰아들에 유달리 집착한 탓인지 어릴 때부터 매를 들어가며 가르쳤는데, 큰아들은 오히려 공부로 성공하지 못했다며 아쉬워합니다. 그 덕에 둘째인 아내와 셋째 처남은 장인어른 눈치 보느라 알아서 공부했다고 합니다.

장인어른이 태어나셨던 해방 이후의 상황은 감히 상상하기조차 힘든 어려운 시절이었겠지요. 아내의 할머니는 장인어른과 고모를

낳고 얼마 살지 못하시고 세상을 떠났습니다. 어린 시절의 일이라 얼마나 가족에 대한 사랑이 절실했을까요? 장모님도 가끔 불뚝성 있는 장인어른을 두고 투덜거리기도 하시지만, 사람 살아가는 것이 다 그런 것이겠지요. 내면에 표현하지 못한 깊은 사랑을 품고, 자식이나 손자들에게 전해주려는 모습을 볼 때면 참 고맙다는 생각을 하게 됩니다.

4. 장인어른과의 대만여행

 장인어른을 모시고 대만으로 가족 여행을 갑니다. 장모님이 함께 하면 좋았을 텐데, 여행을 그리 즐기지 않으셔서 집에서 쉬는 것이

더 좋다고 합니다. 아침 비행기라 새벽 일찍 출발합니다. 장인어른은 전날 미리 우리 집으로 오셨습니다. 공항 가는 길에 차 기름이 부족해 순로를 벗어나 주유소에 잠시 들립니다. 30여 년 군생활이 몸에 익은 장인어른은 준비성이 부족하다며 타박을 합니다. 다행히 일찍 출발한 탓에 늦지 않게 공항으로 옵니다.

출국 수속을 하고, 탑승구 주변 의자에 앉아 부족한 잠을 잡니다. 아내와 딸은 보석가게에 들러 맘에 드는 팔지를 샀다며 좋아합니다. 대만은 모두 처음입니다. 패키지여행이라 사전 정보가 없습니다. 편하게 가이드를 따라다녀야지 싶어 미리 준비하지도 않았습니다. 국립고궁박물관, 타이루거 국립공원, 지우펀, 야류지질공원, 타이페이101 전망대 등 관광지를 구경합니다. 국립고궁박물관의 진귀한 보물을 둘러보며 모두 신기해합니다. 타이루거 국립공원은 고산 협곡의 아름다움을 만끽할 수 있습니다. 장인어른은 산은 중국 장가계가 최고라며 좀 시시한 듯 보입니다. 지우펀이나 야류지질공원은 부지런히 구경하시다가도, 크게 볼거리가 없다며 우리나라가 보유한 멋진 관광자원을 가꾸면 훨씬 좋을 것이라 합니다.

타이페이101 전망대는 날이 흐려 별로 볼거리가 없습니다. 중정

박물관은 장제스주석의 유물이 전시된 기념관인데, 타이완 국민이 주석의 업적을 기리기 위해 모금한 돈으로 설립 운영되고 있다고 합니다. 비가 오락가락하는 날씨 탓인지 선선하게 여행을 즐길 수 있습니다. 장인어른은 무엇보다 가족이 함께 시간을 보낸다는 사실이 기분 좋은 모양입니다. 칠순을 맞아 떠난 여행이 장인어른께 작은 즐거움으로 기억되길 바랍니다. 새해를 맞아 오래 건강하게 지내시길 기원해 봅니다.

할아버지에 대한 기억

 유럽 출장 중 시차 적응을 위해 며칠 동안 가볍게 와인을 마시고 금방 잠이 듭니다. 수면제로 제격입니다. 문득 할아버지가 떠오릅니다. 당신은 머리맡에 됫병 소주를 두고 잠들기 전 매일 한잔 가득 마셨다고 합니다. 당신이 돌아가시던 날도 소주를 한잔 드시고 잠이 드셨는데, 야간 싸이렌(Siren) 소리가 울리고 잠시 뒤 숨이 멎었더라는 것입니다.

 아버지는 '싸이렌 소리에 놀라 당신께서 돌아가셨을 것'이라 추측합니다. 할아버지의 젊은 시절 기억에 싸이렌 소리에 대한 트라우마가 각인되었을 것이라고 합니다. 1908년생이신 할아버지는 일제 강점기, 6.25와 이승만, 박정희 정권을 거치며 수없이 많은 싸이렌 소리를 들었을 것입니다.

어쩌면 싸이렌 소리의 트라우마는 아버지의 것인지도 모릅니다. 저 또한 어린 시절 가끔 저녁 소등이 있었고, 매일 해거름 때엔 국기가 보이는 쪽을 향해 방송에 맞춰 애국가를 부르거나, 국기에 대한 맹세를 읊었던 기억이 있습니다.

1979년 봄 치렀던 당신의 장례식은 어린 저에게 잔칫날로 기억됩니다. 나물과 전이 예쁘게 차려졌고, 왁자지껄 사람들이 붐볐습

니다. 1975년생인 저에게 당신의 생전 기억은 단편적입니다. 언젠가 당신 손을 잡고 장날 구경을 갔습니다. 돌아오는 늦은 오후, 마을 입구 나무 그늘에 머물렀던 추억이 그림의 한 장면처럼 남았습니다. 쉼터 역할을 했던 오솔길 모퉁이와 커다란 바위들은 진작 사라지고 없습니다.

과자가 먹고 싶었던지 당신을 이끌고 점방에 가자며 떼를 쓰곤 했다고 합니다. 살림이 넉넉하지 않았었기에, 어린 손자의 대수롭지 않은 요청에도 쉽게 응하지 못했던 모양입니다. 당신을 조르던 기억은 제게 남아 있지 않습니다. 훗날 어머니는 당신께서 무척 미안해했었노라 하십니다.

출장을 마치고 돌아오는 비행기에서 시차 적응차 다시 와인을 한 잔 마십니다. 돌아가신 지 40여 년의 시간이 지나고서야 당신을 닮았음을 어렴풋이 깨닫습니다. 저는 이제 집으로 돌아갑니다.

여든이 넘은 아버지는 생명에 강한 애착을 보이십니다. 어쩌면 죽음이 두려운지도 모르겠습니다. 제게 '죽음 혹은 돌아간다는 것'에 대한 이미지는 오래 머물던 곳, 편안한 곳이라 생각되기 때문에 돌

아간다는 말을 두려워하지 않습니다. 할아버지께서 편히 잠드신 채 떠나셨던 것처럼 아버지께도 또 저에게도 돌아가는 순간은 그렇게 오리라 막연히 기대해 봅니다.

할머니 꽃

1. 고향 가는 길

할머니 제사가 있어 고향 집으로 갑니다. 기차를 타고 창밖을 봅니다. 창밖으로 비치는 햇살에서 이른 봄날의 기운이 전해옵니다. 한참을 달리는 사이 어둠이 내립니다. 안은 불이 켜져 밝고, 밖은 어둠이 짙게 내렸습니다. 빨리 달리고 있긴 하지만, 창밖에서는 기차 안 사람들의 모습이 뚜렷할 것입니다.

어린 시절 집 앞을 지나던 기차를 떠올려봅니다. 행인들의 안전을 위해 기차가 지나는 동안 역무원이 건널목을 지켰습니다. 통행차단 게이트가 내려오면, 신호등 땡땡거리는 소리가 요란하게 울려 퍼졌고, 기차는 경적을 울리며 철로를 따라 덜커덕덜커덕 소리를 내며 지나갔습니다. 가끔은 기차 탄 사람들에게 손을 흔들곤 했고, 그들도 답례로 손을 흔들어주곤 했습니다.

이맘때쯤이면 기찻길 주변으로 커다란 벚나무들이 꽃망울을 터트리기 위해 한껏 부풀어 있었습니다. 가끔 동네 친구들과 철길을 따라 한참을 걸어갔다 오곤 했으며, 선로 위를 누가 오랫동안 떨어지지 않고 멀리까지 걸어가는지 시합을 하기도 했습니다. 여름이면 학교를 마치고 돌아오는 길, 경화역 주변 벚나무숲에 매미를 잡으러 가기도 했습니다. 동시다발적으로 울려 퍼지던 매미 울음소리가 귓가에 쩌렁쩌렁 울리는 듯합니다.

2. 마당에 핀 꽃

할머니는 이른 봄날에 돌아가셨습니다. 수선화가 듬성듬성 꽃망울을 하나둘 터트리고, 햇살이 따사로워 하늘을 올려다보고 싶은 마음이 절로 생기던 어느 봄날에 말이지요. 샛노란 수선화는 산들산들 바람이 불면 덩실덩실 춤이라도 추는 듯 하늘거리며 푸른 줄기와 잘 어울렸습니다.

수선화 꽃이 질 무렵 마당 모퉁이에 커다랗게 차지하고 있던 살구나무도 꽃을 피웁니다. 살구꽃과 벚꽃, 매화꽃은 엇비슷해 꽃이 피는 시기와 색깔로 구분합니다. 매화꽃이 먼저 피고, 1주일가량 지나면 살구꽃이 핍니다. 또 1주일가량 기다리면 벚꽃이 핍니다. 살구꽃은 매화나 벚꽃보다 분홍빛이 짙습니다. 살구꽃은 복숭아꽃보다는 분홍빛이 옅지만, 복숭아꽃은 꽃이 제법 커 구별이 쉽습니다.

1979년 집을 새로 지으며 심은 살구나무가 얼마나 빨리 자라는지, 봄이면 언제부턴가 커다란 분홍빛 풍선처럼 집을 밝혔고, 여름이면 마당에 그늘을 제공해 주었습니다. 살구나무가 온 집을 덮을

만큼 커지자 어느 해 여름 아버지는 바람이 들지 않는다며 나무를 잘라버렸고, 할머니는 꽤 오랫동안 허전해하셨던 기억이 있습니다. 살구나무에 붙어 울어대던 매미 소리가 귓가에 울리는 듯합니다.

 할머니가 꽃을 좋아하셨던 덕분에 집 마당에는 꽃들이 많았습니다. 수선화, 목단, 백합, 장미, 죽단화, 그리고 이름 모를 식물의 꽃들이 피었다 지기를 반복했습니다. 살구나무나 사과나무, 감나무, 천리향 등 다양한 나무에서도 계절 따라 꽃이 폈습니다. 커다란 호랑가시나무에 꽃이 피면 벌들이 날아와 웽웽거렸으며, 어디서 꽃씨가 날아왔는지 가끔 접시꽃이나 코스모스도 어울려 피곤했습니다.

 제 키가 아버지만큼 자랐을 때, 할머니는 아들인지 손자인지 구별조차 하기 어려울 정도로 눈이 나빠지셨습니다. 다만 당신의 기억에는 마당에 피고 지기를 반복하는 꽃들의 형상이 각인되었던 탓인지, 계절이 바뀌면 꽃의 색깔과 모양을 상세히 말씀해 주시곤 했던 기억입니다. 샛노란 죽단화가 필 때면 할머니는 '꽃이 피어 집이 화사하다'며 기뻐하셨고, 장미꽃이 피면 붉은 빛의 꽃송이가 크고 예쁘다 하셨습니다. 자줏빛 목단을 좋아하셨던지, 자주 말씀하셨던 기억이 있습니다.

3. 할머니에 대한 기억

 어린 시절 저는 주로 할머니 손에 자랐습니다. 매일 당신 품속에 안겨 잠들었던 기억이 있으며, 더 어릴 땐 젖을 빨기도 했다 합니다. 여름엔 대야에 물을 담아 볕에 두었다, 물이 따뜻해지면 목욕을 시켜주셨으며, 겨울이면 논두렁을 헤집고 다니느라 불어터진 손을 뽀득뽀득 씻겨주셨던 기억도 생생합니다.

 음식 솜씨가 좋으셨고, 부지런한 성격 탓에 흙먼지 날리는 농촌의 어느 시골집과는 달리 제법 깔끔했던 기억입니다. 가끔 옛날 사진첩을 꺼내어 고향의 옛 모습을 보면서 당신의 젊은 시절에 관해 시시콜콜 물어보기도 했습니다.

 2005년 어느 날 감기에 걸려 며칠 콜록거리셨던 할머니는 폐렴으로 병이 깊어졌고, 급기야 인근 병원에 입원했습니다.

 홀연히 떠나시던 날 저녁, 할머니는 언제 아팠냐는 듯 나를 껴안으시면서 '아이고 내 새끼, 내 새끼 왔나?'라고 한참을 쓰다듬으셨습니다. 얼마 후 잠이 드시고, 이내 숨을 거두셨습니다. 혹시나 돌아가시면 어쩌나 하는 두려움이 마음 한편에 있었지만, 헤어짐의 순간은 찰나였습니다.

 돌아가시기 전 마지막으로 저를 쓰다듬으며, '아이고 내 새끼' 하던 모습은 오래도록 잊히지 않았습니다. 부모가 자식을 사랑한다는 것은, 또 그 자식의 자식을 사랑하며 살아간다는 것은 행복한 삶일 것입니다. 그러고 보면, 할머니의 돌아가심은 행복한 마무리였지 않나 싶습니다.
 죽음은 누구에게나 찾아올 것입니다. 편안한 죽음을 맞이했던 당신의 삶에 비추어 볼 때 진정한 행복은 누군가를 사랑하며 살아가는 일이 아닐까 생각해 봅니다.

4. 다시 일상으로

 제사를 지내고 부모님, 삼촌·숙모님과 함께 제삿밥을 나눠 먹습니다. 이젠 모두 노인입니다. 어린 시절 명절이 되면 객지에 계시던 삼촌·숙모님이 사촌을 데리고 왔던 기억이 있습니다. 저는 어렸고, 당신들은 젊었습니다. 이제 저는 그때 당신들의 나이가 되었고, 또 시간은 지나갑니다.

수선화

아침 출근길 세종대로를 가로지르는 바람이 온기를 실어옵니다. 두꺼운 옷차림의 모습들이 눈에 띄기도 하지만 얼음이 녹아내리듯 계절 변화에 빠르게 적응하는 사람들이 총총걸음으로 건널목을 지나고 있습니다.

코끝에서 봄꽃 향기가 실려 오는 듯합니다. 지금쯤이면 고향 집 마당에 노란 수선화가 뽐내듯 피어있을 것입니다.

봄이 오면 어린 시절 마당에 핀 수선화를 떠올립니다. 할머니는 봄을 알리는 꽃들이 피고 지는 것을 유난히 좋아하셨습니다.

수선화는 잎사귀를 기다랗게 뽑아낸 후, 그 사이를 비집고 꽃대가 올라와 또 얼마간의 뜸을 들인 후 샛노란 꽃을 피웁니다. 가는 줄기로 큰 꽃을 받치고 있으니 강한 바람이나 굵은 봄비가 내리면 쓰러져 일어나지 못하기도 합니다.

수선화

가냘픈 줄기 하나로
티 없이 샛노란 꽃 몽우리를 받치고 있는 수선화
연푸른 잎사귀 사이로 바람이 불면
쉬이 쓰러질 듯 흔들린다

마당가 살구꽃 아래
봄을 알리던 한 다발의 수선화
사랑하고픈, 내 가슴을 터질 듯 만들었던 그녀에게
단 한 번 건네었던 꽃

아이의 졸업을 축하하며

 아이가 자라는 걸 보면서 어린 시절을 많이 떠올립니다. 친구들과 어울리기를 좋아했고, 게임을 즐겼으며, 아들이라는 이유로 주변 분들로부터 과분한 사랑을 받으며 유년시절을 보냈습니다.

 할머니는 눈이 좋지 않으셨지만 깔끔한 성품이라 매일매일 집 구석구석을 정돈하셨습니다. 어머니는 채소를 키워 장사를 다녔기 때문에 집안일에 신경 쓸 여유가 없었습니다. 책을 읽으라거나 숙제를 하라는 등의 간섭은 거의 없었기에, 불안감이 몰려와 진로를 고민해야 하는 나이가 될 때까지 자유분방하게 생활했던 기억입니다.

어른이 되어 진로를 결정할 즈음 '어린 시절 공부를 더 열심히 했었어야 했나?'라는 아쉬움이 있긴 했었지만, 나이를 먹을수록 지나온 과거의 시간이 행복한 추억으로 다가옵니다. 친구들과 들판을 뛰어놀았던 기억, 산책이나 등산을 즐겼던 기억 등 어린 시절 누렸던 자율성이 건강하고 단단한 자신을 만들어 왔음은 분명한 사실입니다.

초등학교 졸업 때까지 제대로 읽은 책이라곤 한 권 없었지만, 나이가 들수록 책 읽기나 생각하기를 즐깁니다. 가끔 주변을 탓하기도 하지만, 주어진 여건을 받아들이고 현재를 즐기며, 모든 것이 자신의 마음 먹기에 달려있음을 어렴풋이 깨닫습니다. 짧게 지나가는 인생이지만 스스로 성장하고 있다는 믿음이 있고, 또 그런 자신이 뿌듯하기도 합니다.

이제 곧 딸아이가 중학교에 갑니다. 키가 쑥 자라 엄마와는 친구 같습니다. 시시콜콜한 얘기까지 주고받는 말동무가 된 듯한 서로를 보면 보기가 좋습니다. 어른스러워지는 딸이 아빠를 조금 멀리하는 듯한 느낌이 들 때는 서운하기도 하지만 말입니다.

　벌써 늦은 시간까지 학원 다니고, 이것저것 공부에 신경 쓸 것이 많습니다. 가끔 불안하거나 감당하기 벅찬 순간이 찾아올지도 모릅니다. 크게 내세울 건 없지만 아빠가 살아온 인생처럼 주변 여건을 받아들이고 스스로 개척하는, 내면이 강한 아이로 성장해 갈 것이라 믿습니다.

　초등학교 졸업과 중학교 입학을 축하하며 아빠가 딸 현아에게 편지를 띄웁니다. 할아버지께서 '햇빛이 항상 비쳐, 그늘 없이 밝고 활기차게 살아가라'는 뜻으로 지어준 이름처럼 그늘 없이 지냈으면 좋겠습니다.

귀향

1. 울산 삼촌

 울산에 계시는 삼촌께서 돌아가셨습니다. 아버지 3형제 중 막내입니다. 대한민국 최고대학에 합격하고도 입학금이 없어 가지 못할 정도로 공부를 무척 잘 했다고 합니다. 울산이 제조업 중심지로 개발되면서 현대중공업에 근로자로 입사해 평생을 근무했습니다. 성실한 성품 덕분인지, 수만 명의 근로자 중 단 4명에게 주어지는 지위에 오르기도 했고, 매년 한 명 선정하는 자랑스러운 울산시민상을 받기도 했습니다.

 외관상 많이 닮았기 때문인지, 객지로 떠나 자주 못 봐서인지 할머니는 특히 막내 삼촌을 좋아하셨던 기억입니다. 언젠가 '한우가 왔나'라며 손을 잡고 등을 쓰다듬어주시던 모습이 기억에 남았습니다. 초등학교 겨울방학에 할머니와 함께 꽤 오래 삼촌댁에 머물렀으며, 칠순 잔치도 울산에서 치렀던 기억이 있습니다.

삼촌께서는 사촌 형제들이 잘 어울리기를 바라셨던 탓인지 추석이나 설 명절엔 일찍 고향에 오셨으며, 꿈에 할아버지가 보이셨다며 혼자 불쑥 오셔서, 저와 함께 산소를 찾아갔던 기억도 있습니다. 넉넉하지 못한 살림살이였음에도, 자주 만나지 못하는 큰집 조카들에게 과분한 용돈을 쥐여 주기도 했습니다.

퇴직하고 몇 해 지나지 않아 파킨슨병을 앓으셨습니다. 유명한 병원은 다 다니셨는데, 병세가 서서히 나빠져, 나중엔 집 밖으로 나오기 어려워졌습니다. 아버지는 명절에 오지 못하는 동생이 보고 싶었던지, 울산 삼촌을 뵈러 찾아가자고 말씀하시기도 했습니다.

2. 세 친구 이야기

삼촌께서 돌아가셨다는 소식을 듣고 장례식장으로 갑니다. 오랜만에 삼촌·숙모, 사촌 형제를 만납니다. 서로의 안부를 묻고, 답하는 사이 약간의 어색함이 사라집니다. 얼마의 시간이 흐르고, 밤이 깊어지자 모두 집으로 떠납니다. 가까운 친척들이 모두 떠나고 혼자 상가에 앉았습니다. 저는 삼촌이 가시는 길, 마지막까지 배웅해 드릴 생각입니다. 삼촌 영정 앞에 향을 꽂아주거나 술을 한잔 올리기도 합니다. 문득 어린 시절 읽었던 탈무드의 '세 친구 이야기'가 떠오릅니다.

왕이 한 사람을 부릅니다. 그 사람은 혼자 가는 것이 두려워 평소 가장 가깝게 지내고 귀하게 여기던 첫 번째 친구를 찾아가 같이 가자고 부탁합니다. 친구는 단번에 거절합니다. 신경 쓰며 자주 만나긴 하지만 첫 번째만큼 귀하게 여기지 않는 두 번째 친구를 찾아가 부탁을 합니다. 친구는 성문 앞까지 배웅할 수 있지만, 왕에게까지는 함께 갈 수 없다고 합니다. 만나면 반갑고 좋지만, 어쩌다 한번 보는 세 번째 친구를 찾아가 부탁을 하니, 흔쾌히 왕에게까지 같이 가자고 합니다.

비유하자면 왕은 죽음이요, 첫 번째는 돈, 두 번째는 가족, 세 번째는 선행이라 합니다. 매일 귀하게 여기는 돈은 죽는 순간 남이 되

는 것이고, 가족은 무덤까지는 같이 갑니다. 하지만 살아가는 동안 베푼 선행은 영혼과 함께합니다.

고향과 가족을 아꼈던 삼촌이 제게 많은 영향을 주셨음을 느낍니다. 그런 이유로 이 자리에 남아, 당신이 떠나는 마지막까지 함께 하고픈 것이 아닐까 생각해 봅니다.

문득 저는 주변에 어떤 사람으로 기억되고 있을까 돌이켜봅니다. 가족에겐 잘 하고 있는지, 조카들에겐 존경스러운 삼촌인지 자문해 봅니다. 저에게도 오늘의 순간이 찾아올 것입니다. 두려운 왕에게 가는 길까지도 함께하는 친구가 있도록 주변과 더불어 살아가야겠습니다.

당신이 떠나는 자리에 숙모님은 여러 차례 '잘 가요'라고 얘기합니다. 삼가 고인의 명복을 빕니다.

일상의 생각들

인생은 길가에 풀 한 포기가 나서 사는 것

법륜스님의 '인생은 그냥 길가에 풀 한 포기가 나서 사는 것과 같습니다.'라는 얘기가 깨달음을 줍니다.*

인생을 너무 잘 살아야겠다고 생각하면 지금의 인생이 초라해집니다.
인생은 그냥 길가에 풀 한 포기가 나서 사는 것과 같습니다.

아침에 눈을 뜨면 '오늘도 살았네!' 한 번씩만 외쳐 보세요.
살았다는 느낌보다 인간에게 더 좋은 에너지를 주는 것은 없습니다.

인생에 너무 많은 의미를 두지 마세요. 항상 현재에 살아야 합니다.
현재에 가장 중요한 것은 지금 살아 있다는 것입니다.

불행한 이유들을 만들어서 움켜쥐고 있지 말고, 놓아버리고
살아 있는 행복을 누리시면 좋겠습니다.

---

* 법륜스님 지음, 『법륜스님의 행복』, 나무의 마음, 2016

청와대 산책

일찍 점심을 먹고 산책을 합니다. 정부청사에 걸린 4.3 추념식 현수막이 눈에 띕니다. 경복궁 동쪽을 따라 걸으며, 멋스러운 담벼락 주변을 카메라에 담습니다.

청와대 앞을 지나는 중 오래전 읽었던 펄벅(Pearl S. Buck) 여사의 책 '대지' 내용이 떠오릅니다. 주인공 왕룽은 대궐 집 하인을 아내로 맞이하면서 언젠가 본인이 대궐 같은 집에서 살 것이라고 막연히 생각합니다.

어느덧 중년이 된 왕룽은 엄청난 부를 축적하고, 부가 주는 쾌락을 방탕하게 누리며 삶을 살아갑니다. 노쇠해진 왕룽은 자신이 쌓

은 부를 자식들에게 자랑하면서 자식들의 번영을 꿈꾸지만, 자식들은 왕릉 사후 재산을 어떻게 나눌지를 고민합니다. 동상이몽이요 부의 덧없음을 암시하며 끝을 맺습니다.

권력의 정점인 청와대를 지나다 우연히 생각이 여기까지 미쳤습니다. 효자동 삼거리 모퉁이에 봄꽃으로 작은 화단을 만들어 두었습니다. 수선화를 비롯한 형형색색의 아름다움이 발길을 멈추게 합니다. 앙상한 가지 사이로 하얗게 핀 목련이 눈부시게 빛납니다. 따사로운 햇살에 의식의 흐름을 느끼며 살짝 땀이 흐르는 즐거움을 누립니다.

국가의 성패

'명견만리' 책 내용 중의 일부입니다.*

우리 사회는 많은 갈등을 공권력이라는 이름의 국가폭력으로 해결해왔다. 정확히는 갈등의 해결이라기보다 억압이었다. 단일 국책사업으로는 최대의 저항을 불러일으켰던 밀양 송전탑 갈등도 결국 군사작전을 방불케 한 행정대집행으로 일단락되었다. 그러다 보니 외형적인 갈등 국면은 사라지더라도 불만과 불신이 누적될 수밖에 없었다.

그것이 부메랑이 되어 갈등 관리를 더욱 어렵게 만들었다. 과거 중앙통치 형태는 효율성 중심의 문제 해결이 주효했다. 하지만 민주주의가 심화하고 권력의 분화가 이루어지는 과정에서는 문제 해결의 정당성이 더 강하게 요구된다. 효율성만을 내세워 절차를 제대로 밟지 않거나 충분히 소통하지 않는 것은 더이상 용납되기 어렵다.

합의의 기술을 통해 갈등을 관리하고 해소하려는 노력을 기울여야 한다. 갈등 해결의 열쇠는 소통이다. 이제 국가의 성패는 누가 먼저 갈등을 잘 푸느냐에 달려있다. 갈등 관리에 실패해 그대로 주저앉을 수도 있고, 갈등을 발판 삼아 한 단계 나아갈 수도 있다. 사회적 통합능력, 사회적 합의 능력의 차이에 따라 흥망성쇠가 결정된다.

---

* KBS 명견만리 제작팀 지음, 『명견만리』, 인플루엔셜, 2019

제주 서우봉 정상에 올라

 새벽 일찍 차를 몰아 함덕 서우봉을 왔습니다. 서우봉은 4.3 추념식 때 우연히 왔었는데, 좋은 기억으로 남아 다시 찾았습니다. 유채꽃 노랑 빛깔은 서서히 저물어가고 꽃이 진 아래서부터 차곡차곡 씨앗들이 채워지고 있습니다. 분홍빛 무꽃도 유채꽃과 잘 어울립니다.

 바람에 일렁이는 청보리는 제법 영글었습니다. 알곡이 일렁이는 모습이 잔파도를 연상시킵니다. 봄이 지나면 곧 황금빛으로 물들어 가겠지요. 하늘과 산과 바다를 배경으로 사진을 몇 장 찍어봅니다. 서우봉 정상 벤치에 한참을 앉았습니다.

명당을 차지했다며 70이 넘은 노인이 반갑게 인사를 건넵니다. 덩달아 저도 인사를 합니다. 다른 사람이 앉을 수 있도록 벤치 모퉁이로 자리를 옮기자 노인은 옆자리에 앉습니다. 우연히 이곳에 각자 혼자 오게 된 서로의 얘기를 나눕니다.

저는 '제주 4.3 추념식 참석차 왔었다가 우연히 서우봉을 올랐는데, 좋았던 기억이라 다시 오게 되었다'라고 얘기합니다. 노인은 근처에 살고 있다고 합니다. 말동무가 필요했던지 당신의 젊은 시절 얘기를 한참 널어놓습니다.

노인은 서울에서 중견 건설사를 경영했는데, 사업이 여의치 않았던 모양입니다. 사업이 힘들어지자 아내도 자식도 모두 연락을 끊었다고 합니다. 돈도, 가족도 거품처럼 일었다 사라지는 것이 인생이라며 제게 '하루하루 감사하며 행복하게 살라'고 조언합니다. 또 노인은 신용불량자에 주변에 아무도 남아있지 않는 현실을 아쉬워하며, 젊은 시절 풍요를 거만하게 누렸던 기억을 회상하기도 합니다. 내심 노인의 잘못도 분명 있으리라 추측해 봅니다.

어린 시절 아버지에 대한 기억이 떠올랐습니다. 아버지는 주변 사람을 잘 믿고 여유가 있으면 베푸는데 아끼지 않는 분이셨습니다. IMF를 전후해 이웃 사람들에게 빌려줬다 떼인 돈이 꽤 됐습니다. 어린 마음에 '당신께서 차라리 자식에게 투자했더라면 좋았을 텐데'하는 아쉬움이 있었습니다.

오늘 노인과의 대화 속에서 '한때 부모님을 원망하는 마음을 가졌었구나' 싶어 죄송한 마음이 들었습니다. '나이 70이 되면 어떤 모습이 되어있을까?' 스스로 자문해 봅니다. 언젠가 읽었던 책 내용 중 'naked strength'가 강하게 와닿습니다. 우리말로 번역을 하자면 나력(裸力)으로 볼 수 있습니다. 지위와 배경을 제거한 뒤에 남은 나만의 매력이라는 뜻으로, 거만함이나 우쭐거림은 오히려 자신에게 독이 된다는 것입니다. 겸손해야 한다는 것, 주변과의 관계가 오래 유지될 수 있도록 스스로 늘 경계해야겠다고 다짐해 봅니다.

봉우리 정상에 한참을 앉아있었던 탓인지 땀이 식으면서 추위가 느껴집니다. 언덕길을 내려오며 청보리밭과 한라산을 배경으로 사진을 몇 장 찍어봅니다. 따뜻한 커피를 마시며 얼었던 몸을 녹입니다. 짧은 여유가 즐겁습니다.

사려니숲길 걸으며

돋아나는 잎사귀 싱그러운 풀 내음이

코끝을 타고 머릿속 깊숙한 곳까지 파고든다

삼나무 숲 사이로 햇살이 비치고

어린 잡목들의 새순이 유난히 반짝인다

사방에서 들려오는 여러 종류의 새 울음소리

사람을 피해 짓궂게 울어대며 달아나는 노루무리

어디까지 이어진 길일까, 돌아가야 함을 알면서도

길이 아름다워 저 모퉁이까지만 가보자는 심정으로

늘어진 그림자를 향해 뚜벅뚜벅 발걸음을 돌린다

선선한 봄바람에 등을 살짝 적셨던 땀방울을 식히며

오월 남산,
보아야 보인다

 오월 첫날 남산 산책을 합니다. 남산도 산이라 낮은 곳보다는 꽃이 열흘 정도 늦게 피고 지는 듯합니다. 벚꽃은 분홍빛으로 만개했다가 이제 다 저물었습니다. 꽃이 진 자리에는 어느새 열매가 맺히고, 나무 아래에는 열매가 되지 못한 꽃대가 소복이 쌓였습니다.

 노란 개나리꽃이나 죽단화도 푸르러가는 잎사귀 사이에서 색이 바래며 점차 시들어 갑니다. 형형색색의 영산홍이 무리 지어 피었습니다. 민들레는 꽃이진 자리에 채 날아가지 못한 홀씨가 솜사탕처럼 피었습니다. 패랭이, 데이지, 라벤더, 튤립 등 봄꽃이 이쁘게 피었습니다. 백합꽃도 꽃대가 길게 솟아올라 머지않아 새하얀 꽃을 피우리라 봅니다.

 계절 변화가 빠릅니다. 앙상한 가지에 잎이 돋나 싶더니 푸르름이 금세 짙어갑니다. 아름다움을 찬찬히 바라보며 잠시 여유를 즐깁니다. 눈여겨보지 않으면 인지하기 어렵습니다.

 문득 얼마 전 보았던 뮤지컬 돈키호테(Man of La Mancha) 이야기가 떠오릅니다. 돈키호테(Don Quixote)는 술집 작부(酌婦)로 일하는 알돈자(Aldonza)를 둘시네아(Dulcinea)라 부르며 고귀하고 특별한 여인으로 대합니다. 알돈자는 함부로 대하는 사람들 사이에서 삶의 이유를 잃어버린 채 살아가다 돈키호테 덕분에 자존감을 찾아가기 시작합니다. 누군가에게 삶에 의미를 불어넣는다는 것, 감동적입니다.

이와 유사한 이야기는 사마천의 사기 '자객열전'에도 일화가 있습니다. 자기를 알아주는 사람을 위해 목숨을 바친 예양(豫襄)의 사례입니다. 춘추전국시대 진나라 말기 지씨 가문의 대표 격인 지백(知伯)은 세력을 확장하면서 범씨, 중행씨를 쓰러뜨렸지만, 조양자(趙襄子)와의 전쟁에서 패하게 됩니다. 지백의 식객이었던 예양(豫襄)은 당초 범씨와 중행씨를 섬기기도 했습니다. 지백이 조양자의 손에 죽자 예양은 조양자를 죽여 주군의 복수를 하려 하지만 실패하고 맙니다.

조양자는 지백을 향한 예양의 의리에 감탄하며, 예양에게 '당신은 범씨와 중행씨를 섬긴 적이 있는데 왜 유독 지백의 복수만 하려 하느냐?'라고 묻습니다. 예양은 다음과 같은 유명한 답변을 합니다.

'선비는 자신을 알아주는 사람을 위해 죽고, 여자는 자신을 기쁘게 해주는 남자를 위해 화장을 한다(사위지기자사(士爲知己者死), 여위열기자용(女爲悅己者容))'

또 예양은 '범씨와 중행씨를 섬기는 중 그들은 나를 범부(凡夫)로 대했기에 범부로 대했으나, 지백은 나를 국사(國士)로 대우했으니 마땅히 국사의 예로 그에게 보답(國士遇之國士報之)하려 했다' 라고도 말했습니다.

　어쩌면 김춘수의 '꽃'이란 시도 같은 맥락으로 이해할 수 있지 않을까 생각해 봅니다.*

김춘수의 '꽃'

내가 그의 이름을 불러주기 전에는

그는 다만 하나의 몸짓에 지나지 않았다

내가 그의 이름을 불러 주었을때

그는 나에게로 와서 꽃이되었다

내가 그의 이름을 불러준 것처럼

나의 이 빛깔과 향기에 알맞는

---

* 김춘수 지음, 『꽃의 소묘』, 백자사, 1959

누가 나의 이름을 불러다오

그에게로 가서 나도 그의 꽃이 되고싶다

우리들은 모두 무엇이 되고싶다

나는 너에게 너는 나에게

잊혀지지 않는 하나의 눈짓이 되고 싶다

  인생의 의미를 어디에 둬야 할지, 주변 사람을 어떻게 대할지 늘 고민입니다. 남을 고귀하게 여기며 살아가는 것, 또 스스로 귀한 존재로 인식하며 살아가는 것이 격 있는 삶이 아닐까 생각해 봅니다.

오대·설악의 추억여행

1. 설악산

학창시절 산악동아리 활동을 하면서 설악산에 머물며 장기간 암벽과 빙벽등반 훈련을 했던 기억이 있습니다. 동시대에 산악동아리 활동을 했던 어떤 악우(岳友)는 등반사고로 삶과 죽음의 경계를 넘나들기도 했습니다. 우리끼리 '조심하면 사고는 면한다'라고 얘기하곤 했지만, 설악산에서의 등반사고 소식은 끊이지 않고 들려왔습니다. 이에 설악산을 찾는다는 것은 스스로 경계를 늦추지 말아야 한다는 것과 자연에 대해 경건한 마음을 가져야 한다는 것을 느끼게 하는 것이었습니다.

이번에는 케이블카를 타고 설악산 권금성을 오릅니다. 깎아지른 낭떠러지 아래로 천불동 계곡이 신비스러운 자태를 뽐내고 있습니다. 마등령이 멀리 우뚝 솟아있고, 공룡능선이 병풍처럼 펼쳐져 있습니다. 언젠가 올랐던 장군봉, 천화대, 범봉도 어딘가 자리하고 있을 것입니다.

설악산을 오르내리는 것이 체력적으로 부담 없었던 젊은 시절이 있었지만, 이제는 조망하는 것으로 그 즐거움을 대신합니다. 처음 설악산 대청봉에서 일출을 맞이했던 것이 1994년 여름이었습니다. 그때의 기쁨과 이후 설악에서 쌓은 많은 추억을 떠올리며 당시 즐겨 불렀던 '설악가'의 한 구절을 인용해 봅니다.

'내 어이 잊으리오 꿈같은 산행을,
잘 있거라 설악아 내 다시 오리니'

2. 선자령과 진고개

눈 앞에 펼쳐진 선자령 초원을 처음 봤을 때의 감동은 말로 표현하기 어렵습니다. 태백의 고랭지 채소밭도 인상적이었지만, 선자령에서 황병산까지의 능선길에 펼쳐진 초원의 푸르름은 '길을 걷는 것의 즐거움'을 누리기에 충분한 것이었습니다.

 대관령에서 시작된 능선길은 선자령과 황병산을 지나 진고개로 이어집니다. 진고개는 고속도로가 생기기 전까지 평창에서 양양과 속초 방향으로 넘어가는 가장 빠른 길이었습니다. 이른바 관광버스가 쉬어가는 곳으로 계절마다 산행을 시작하거나 하산한 여러 무리의 사람들이 모여 요기를 하거나 뒤풀이를 하는 장소였습니다.

오늘은 차를 몰고 진고개 휴게소로 갑니다. 등산을 즐겼던 젊은 시절, 이곳에서 만났던 60대 노인의 얘기를 떠올려 봅니다. 당신도 젊은 시절 저처럼 여행을 즐겼다고 합니다. 직장생활을 시작한 후 등산은 생각조차 하기 어려운 바쁜 일상을 보냈고, 이제는 젊음을 부러워하는 나이가 되었다는 것이지요. 당신은 제게 싱싱한 오징어회와 함께 소주를 건네며 '젊음을 알차게 보내라'라고 얘기해 주었던 것으로 기억합니다. 진고개 휴게소에서의 추억을 떠올리며, 저의 젊음은 당신의 그것과 별반 다르지 않게 지나가고 있는 건 아닌가 하는 생각을 해 봅니다. 20여 년 전의 일이니, 아직 살아계신다면 그 노인은 족히 80은 넘었을 것입니다.

고속도로가 생기면서 진고개를 넘는 차량은 급격히 줄었습니다. 오늘도 진고개 휴게소에는 찾아온 사람들을 맞이하는 사람의 숫자가 많아 보여 허전함이 느껴집니다.

3. 상원사와 월정사

상원사와 월정사를 처음 찾은 것도 20여 년 전의 일입니다. 포근하고 아늑한 느낌이 좋아 가끔 이곳이 그리울 때가 있습니다. 부모님을 모시고 오기도 했고, 가족과도 혹은 친구와도 함께 이곳을 오기도 했습니다. 지인에게는 '대한민국에서 숲이 가장 아름다운 곳'이라며 소개하곤 합니다. 어둠이 깔릴 무렵 상원사에서 골짜기를 바라보고 있자니 마음이 포근해지며, '이런 곳이 명당이구나'하는 생각이 들었습니다.

우리나라에서 가장 오래된 상원사의 동종을 본다거나 다각다층의 월정사 팔각구층석탑을 보는 것도 의미가 있지만, 개인적으로는 상원사와 월정사의 아름드리 전나무를 좋아합니다. 우리나라에서

도 이렇게 굵고 오래된 전나무를 보며 편안함을 느낄 수 있다는 것이 얼마나 축복일까요?

특히 월정사 입구에 펼쳐진 전나무숲길은 천천히 걷기에는 최고의 산책길입니다. 20여 년 전 전나무숲길에서 엄청난 크기의 전나무를 보고 눈이 휘둥그레졌던 기억이 있습니다. 수령이 600년이나 된 전나무가 있었던 것이지요.

시간이 지나 몇 년 후에 다시 전나무숲길을 찾았을 땐 푸르름이 사라진 뒤였습니다. 또 얼마의 시간이 지난 후에는 고목은 곧게 서 있지 못하고 넘어진 채 있었고, 이제는 속이 텅 빈 채로 점차 흔적이 지워지고 있습니다. 쓰러진 나무 옆에는 '수령 600년의 할아버지 전나무'로 소개되어 있습니다. 훗날 다시 월정사를 찾을 때 할아버지 전나무는 흔적이 사라지고 없을지도 모릅니다. 그것이 세월이요 인생이겠지요? 얼마 전 보았던 친구의 글이 오늘을 잘 대변하고 있는 것 같아 인용해 봅니다.

'세월 흘러 옛 판서 댁 주인은 없고 돌담만 섰네.
 부귀와 영화는 잡풀로 피고, 돌담 아래 들꽃만이 아름답도다.'

설악에서의 하루

1. 비선대의 아침

 속초행 밤차를 타고 동해로 접어들 즈음, 멀리 오징어잡이 불빛이 마치 여러 개의 보름달이 수평선에 떠 있는 것처럼 밤바다를 비추고 있습니다. 속초에 내려 한동안 밤바다를 거닙니다. 삼삼오오 사람들이 모여 있기도 했고, 연인들이 바람을 핑계로 부둥켜안은 채 멀리 바다를 응시하기도 합니다. 철썩거리는 모습이 고향의 잔잔한 바다와는 사뭇 다릅니다.

 아침 공기가 도시와는 달리 찹니다. 어둠이 저물어 갈 즈음 미처 챙기지 못한 물건을 구입한 후, 배낭을 다부지게 꾸려 소공원으로 향하는 버스를 탑니다. 등산객을 상대로 장사하려는 아주머니가 타고 내렸을 뿐 버스는 텅 빈 채로 소공원에 도착했습니다.

 간단한 등산복 차림으로 차가운 공기를 가르며 아직 개찰하지 않은 공원 매표소를 유유히 지나칩니다. 궂은 날씨 탓인지 산행길에 오른 사람은 저 혼자입니다. 가랑비로 시작한 비는 억수같이 내리기도 하고 다시 잠잠해지기도 합니다.

 주변 개울에서 흐르는 요란한 물소리가 새벽을 깨웁니다. 쉬엄쉬

엄 발걸음을 옮기다 잠시 '울산바위 방면으로 올라가 볼까?'하고 막연히 생각해보기도 합니다. 목적지를 정하지 않고 무작정 찾은 설악이기에 그저 발이 이끄는 곳으로 흘러가고 싶었기 때문입니다.

그러는 사이 발걸음은 비선대까지 왔습니다. 식당에 앉아 가끔 창 밖으로 우뚝 솟아있는 암봉을 바라보기도 하면서 산나물로 비빔밥을 만들어 먹습니다. 물소리가 시끄럽기는 하지만, 멍한 기분으로 아주 느리게 아침밥을 먹으며 설악산의 경험을 회상해 봅니다.

장군봉과 적벽을 응시하면서 주인어른께 한때 산악부 활동을 하며 이곳을 오르내렸다고 이야기를 나눕니다. 공룡능선으로 가려 한다고 했더니 비가 내려 위험하다고 만류합니다. 위험하진 않았던 기억이지만 막상 몇 년 만에 찾은 설악이요 또 이젠 혼자만의 산행입니다.

혼자라는 사실이 두려움을 줍니다. 마치 이노우에 야스시의 책 '빙벽'에서 우오즈가 낙석이 심한 일본 북알프스의 어느 암벽길을 등반하며, 죽음을 염려하며 자신의 의지에 도전해 보고자 하는 것처럼 말입니다. 그에겐 한계를 뛰어넘는 암벽에 대한 도전이었지만, 제겐 공룡능선이 초행길은 아닙니다.

특히 설악산은 대학 산악부가 암벽이나 빙벽기술을 익히는 일종의 수련장 같은 곳이라, 여름이면 무거운 배낭을 메고 공룡능선이나 용아장성, 서북주능선, 화채능선 등 설악산 골짝 골짝을 오르내립니다. 또 거벽을 오르는 경험을 쌓기 위해 울산바위, 장군봉, 천와대릿지 등의 암벽을 오르며 죽음의 경계에 서기도 합니다.

2. 마등령 독수리

오랜만에 산을 찾아서인지 쉽게 지쳤으며 마등령을 오르는 길은 가파른 오르막의 연속이라 힘듭니다. 비선대를 지나자마자 몸은 온통 땀과 비로 범벅이 되었고, 억수로 쏟아지던 비는 안개가 되어 내리기도 했지만 이미 나무에 맺힌 빗방울로 물줄기는 후두둑후두둑 떨어집니다.

오전 내내 아무도 만나지 못하니, 산행에 대한 두려움이 마음 한편을 차지합니다. 어느 해 겨울 토왕성폭포 빙벽을 오르다 상단

10m를 남겨놓고 유명을 달리했던 선배의 이야기가 떠오르면서 두려움이 더욱 커졌는지도 모를 일입니다.

 마등령 능선에 올라서니 돌탑 위 세워진 독수리 모양의 나무가 반갑게 맞이합니다. 아마도 10여 년이 지난 듯한데 독수리상은 여전히 이곳을 지키고 있습니다. 근처 샘에서 벌컥벌컥 물을 마십니다.

 점심나절이 지나서야 백두대간 종주 중인 두 사람을 만납니다. 만남은 건성으로 지나치지 않습니다. 별 것 없는 간식을 서로 나눠 먹으며 잠시나마 도란도란 얘기꽃을 피우고, 따뜻한 커피 한잔을 나누기도 합니다. 휴식이 끝나자 종주팀은 산행에 익숙해진 탓에 금세 시야에서 멀어집니다. 간간이 부는 바람이 구름을 걷어 공룡능선의 바위봉우리를 드러내거나, 멀리 화채능선이 흐릿한 모습으로 나타나기도 합니다.

한참을 걷다, 백두대간 종주로 예순 잔치를 대신한다는 이상주라는 분을 만납니다. 중앙일보, 한겨레 등에서 기자 생활을 오래 하였고 이제는 강원도 어디 살둔('살아갈 만한 둔덕'이란 이름) 산장의 주인을 한다고 자신을 소개합니다.

노인은 자신의 집안 얘기를 하거나 살아온 삶에 대해서도 솔직합니다. 기자 생활에 대해 '선비가 할 일'이라고 평가하면서, 현재의 삶에 대해서는 '가난하게, 단순하게, 순박하게 사는 것'을 실천하고 있다고 합니다. 자신의 삶이나 생각을 들춘 것 같아 쉬이 말을 꺼내놓고도 다소 부끄러운 듯 말꼬리를 흐립니다.

산은 나이를 초월합니다. 삶의 옳고 그름에 대해서도 솔직함만을 요구합니다. 가끔 그런 솔직함으로 산이 아닌 주위의 사람들에게 다가서려다 오히려 자신이 상처를 받기도 합니다. 이러한 과정에 유유상종(類類相從)이란 말처럼 그저 성향과 취향이 맞는 사람들이 만나게 될 것이란 믿음으로 상처를 치유하고 또 오늘의 행동을 정당화합니다.

3. 희운각 산장

희운(喜雲)이라는 호를 따서 만들었다는 '희운각 산장'에도 사람이 드뭅니다. 산장지기는 그들이 숙소로 쓰는 뒷방을 내어주며 편히 쉬라고 합니다. 바닥이 온돌인지 팬티 차림으로 침낭을 두르고 휴식을 취합니다.

공룡능선 끝자락에서 희운각까지 동행한 산장지기 노인, 천불동 계곡을 거슬러 희운각에 도착한 동갑내기 친구, 희운각을 지키는 한국산악회 소속 산악인 그리고 나 이렇게 넷이 둘러앉아 막걸리가 한 순배 돌아가는 사이 산에 관한 이야기를 나눕니다.

전문 산악인은 얼마 남지 않은 히말라야의 거벽 등반을 위해 설악산에서 훈련 중이라고 했으며, 30대를 살아가는 동갑내기 친구는 나름의 갑갑함으로 저처럼 혼자만의 시간을 갖고 싶었던 모양입니다.

 인생의 가을을 맞이한 산장지기 노인은 '수신(守身)'에 대한 얘기를 잠시 해 주십니다. 마음이 안정되고 여유가 있을 때 주위를 돌아보며 너그러울 수 있고, 자신에 대한 믿음과 확신이 있을 때 사회에 대한 넉넉함이 생길 수 있다는 것입니다.

 막걸리로 시작한 술은 마가목 주로 이어졌으며, 밤이 깊어가는 줄도 모른 채 얘기를 나누다 침낭 속에서 스르르 잠이 들었습니다. 사실 같은 자리에 앉아 함께 이야기를 나누고 있어도 각자의 마음속에는 스스로 짊어진 삶의 무게가 있을 것입니다. 또 약간의 두려움으로 시작했던 산행이 사람을 만나고, 이야기를 나누고, 편안한 잠자리로 이어지는 것처럼 인생도 언젠가 즐겁게 마무리하는 순간이 올 것입니다.

4. 하산

 아침에 일어나니 빗소리가 귓가에 울립니다. 마음은 일어나라 외치는데, 몸은 비를 맞으며 걷고 싶지 않다고 합니다. 막상 비를 맞기 시작하면 덤덤하게 발걸음을 옮길 테지만, 이미 젖은 옷을 다시 주워 입은 후 빗속으로 뛰어드는 것은 그리 유쾌하지 않기 때문입니다.

 지난밤 늦게 어느 여선생이 며칠 전 설악으로 갔다가 실종되었다는 신고가 접수되었고, 공룡능선 어디에서 시체를 보았다는 목격자가 있어 구조대가 제일 먼저 희운각을 떠납니다. 어제 걸었던 그 길 어디에 누군가가 죽어있었다는 생각을 하니 섬뜩한 기분이 듭니다. 설악산의 골짝에서 죽은 사람을 두고 내연 관계의 남자가 있었

다거나 스스로 죽을 장소를 선택했다는 등 여러 이야기가 오고 갑니다. 그사이 술을 같이 했던 악우(岳友)들이 하나둘 대청봉을 향해 떠납니다.

한참을 더 잠이 들었다 일어나 시계를 보니 아직 8시조차 되지 않았습니다. 모두 떠난 산장을 혼자 지킬 수 없는 노릇이라 젖은 옷이며 신발을 주섬주섬 챙겨 대청으로 향합니다. 잠결에 '대청에서 만나자'는 지난밤 술 동무의 얘기가 없었다면 소청에서 그냥 백담사로 발걸음을 옮겼을 테지만 하룻밤 술잔에 스치듯 만난 사이라고 약속을 어길 순 없습니다. 한 시간 이상 늦게 출발해 아마도 떠나고 없을 것이라 여겼던 '희운각 동지들'이 중청산장에서 식사를 하고 있습니다.

산을 오르는 사이 구름이 걷혔고, 대청봉에 앉아 파란 하늘을 올려다보며 잠시 시간이 멈춘 듯한 기분을 느낍니다. 누구에게도 말로는 설명할 수 없는 행복한 감정이 시원한 바람을 타고 마구 밀려옵니다.

사실 산을 오른다고 해서 고민거리가 풀리는 것은 아닙니다. 단지 그 문제를 더 생각해보고, 객관적인 관점에서 바라보려 노력할 뿐입니다. 어쩌면 인간의 자아 속에 숨겨진 '어머니의 자궁을 그리워하는 마음'처럼, 약간의 고독감으로 혼자 산행을 하면서 숲이 주는 편안함을 찾으려는 본성에 끌려 산을 찾는지도 모릅니다.

 간만의 산행이어서인지 하산길에 무릎이 아파옵니다.

미시령 고개를 넘으며

1. 여행 계획

대학 친구 *수와 함께 강원도 속초로 여행을 갑니다. 아내는 일정이 있어 저와 딸 둘이서 가기로 했고, 친구도 딸을 데려옵니다. 요즘 한동안 프리다이빙을 배우는 데 신이 났습니다. 장비를 장만하고 실내 수영장에 가 몇 차례 훈련하기도 했습니다. 물속 깊은 곳을 들여다보는 경험은 새롭습니다.

어린 시절엔 근처 작은 도랑에서 물놀이하거나, 가재, 미꾸라지, 물방개 등을 잡으며 놀기도 했습니다. 언젠가 동네 아저씨가 약으로 쓴다며 개구리를 잡아 달라고 해 논두렁을 한참 뒤졌던 기억도 있습니다. 고학년이 되어서는 동네보다 꽤 먼, 계곡이 크고 깊은 곳까지 물놀이하러 가기도 했습니다. 최근 친구가 프리다이빙을 한다는 얘기를 듣고 '같이 하자'고 얘기할 수 있었던 것도 어린 시절의 추억 때문이 아닐까 싶습니다.

2. 미시령 옛길의 추억

속초로 향하는 길, 오랜만에 미시령 고개를 지납니다. 터널이 뚫리면서 고갯길은 '미시령 옛길'로 이름이 붙었습니다. 미시령 정상의 넓은 주차장과 커다란 휴게소는 발 디딜 틈 없이 사람들이 붐볐던 기억이지만, 이젠 터널을 이용하니 폐허가 되어 쓸쓸합니다.

사실 미시령엔 좋은 기억이 있습니다. 어느 해 여름 백두대간을 종주하며 설악산 마등령에서 미시령 방향으로 하산을 했습니다. 땅거미가 지고 어둠이 깔릴 즈음 멀리 미시령 휴게소의 불빛이 등불처럼 빛났습니다. 미시령으로 이어진, 바람이 거칠게 요동치는 짙푸른 억새 숲길을 걸었던 기억은 뚜렷이 각인되어 있습니다. 40여 일 백두대간 종주에서의 마지막 밤이 미시령 휴게소에서 끝날 예정이었기 때문일까요? 마치 세찬 바람에 날려가듯, 구름 위를 걷는

듯했습니다.

  8월 말 설악산의 밤은 추웠습니다. 텐트를 칠 마땅한 장소를 찾던 중, 미시령 휴게소의 배려로 직원용 숙소에서 하룻밤을 묵었습니다. 젖은 텐트나 침낭에서 40여 일 쓰러지듯 잠든 것과는 달리, 따듯한 물로 샤워를 하고 호사스럽게 잠을 청했습니다. 다음날, 일찍 일어나 백두대간에서의 마지막 일출을 보겠다며, 추위에 떨며 한참 동안 해뜨기를 기다리기도 했습니다. 이후 속초를 찾을 때마다 미시령 고갯길로 갔습니다. 옛 추억을 얘기할 곳도, 고마움을 전할 사람도 없지만 나름의 아름다운 기억 때문이었겠지요.

터널이 뚫리자 휴게소는 이내 문을 닫고 입구를 폐쇄했지만, 옛 추억을 잊지 못해 갓길에 차를 세우고 폐쇄된 입구 주변에서 한참을 두리번거리다 돌아오곤 했습니다. 갑자기 삶의 터전을 잃은 동물이 집터 앞에서 오랫동안 서성거리는 것처럼 말입니다.

이번에도 미시령 옛길로 가려 했지만, 눈이 쌓여 길을 차단했기에 차를 돌려 미시령 터널을 넘습니다. 터널을 지나자 눈에 덮인 울산바위가 장관을 이룹니다. 겨울 설악산에서 등반훈련을 했던 기억이 잠시 스치고 지나갑니다. 얼마나 오랫동안 회상할 수 있을까요?

3. 집으로 가는 길

친구와 프리다이빙을 하며 속초 앞바다 물속을 구경합니다. 한겨울 물이 차 오래 있기가 어려워, 두 딸아이와 함께 물놀이 시설에 마련된 온천을 다니며 몸을 녹입니다. 야외 온천에 앉아 올려다본 하늘엔 구름과 태양의 경계에서 무지개가 피었다 사라지기를 반복해 인상적입니다.

돌아오는 길, 산악박물관에 들러 등산문화의 변천 과정을 봅니다.

알프스에서 히말라야로, 정상을 오르던 등정주의(登頂主義)에서 힘들고 어려운 루트를 개척하는 등로주의(登路主義)로 변해온 등산의 역사가 잘 표현돼 있습니다. 낭가파르바트를 초등한 헤르만 불(Hermann Buhl)을 소개한 글을 보니 학창시절 읽었던 '8,000미터의 위와 아래'라는 책이 떠오르기도 했습니다.

고인이 된 산악인 오은선의 유물 중, 죽음의 경계를 넘나드는 순간을 솔직하고 논리정연하게 표현한 한 페이지의 산행일지를 읽다 가슴이 울컥하는 느낌을 받습니다. 등산을 즐겼던 20대의 감정이 살아났기 때문이었겠지요.

 겨울 설악산 자락에서의 여행은 미시령 휴게소의 추억과 프리다이빙 경험, 산악박물관 관람을 끝으로 마무리합니다. 지나고 보면 함께 정(情)을 나눌 누군가가 곁에 있기에 행복할 수 있었을 것입니다. 인생을 돌아보고 스스로 감사하는 마음을 갖게 해 준 오늘, 함께한 분들이 있어 행복합니다.

5월 지리산

 함양에 살고 있는 지인을 만나러 갑니다. 지리산 자락 여행이 오랜만이라 동행하는 분을 설득해 성삼재를 넘습니다. 낮게 깔린 구름은 간간히 비를 뿌리기도 하고, 새파란 하늘을 드러내기도 합니다. 지리산조망공원에 차를 세워 하늘과 구름, 산과 초목을 배경으로 사진을 찍습니다.

 5월 지리산은 기억이 다양합니다. 대학 동아리 활동을 하면서 매년 지리산을 올랐기 때문입니다. 지리산의 첫 경험은 섬진강을 따라 구례 화엄사로 가던 버스안의 기억입니다. 초록빛의 대나무 잎사귀들이 비를 한껏 머금은 채 축축 늘어집니다. 구비구비 지나는 길에 섬진강 줄기가 보이기도 합니다.

　지리산의 푸르름과 섬진강의 고요함은 형언할 수 없는 아름다움이었습니다. 아마도 빗물에 씻겨 티끌 하나 없는 잎사귀들의 숲을 본 사람이라면 자연스레 신록을 예찬하게 될 것입니다.

　지리산 종주 길은 화엄사에서 노고단으로, 연하천, 세석, 천왕봉, 중산리로 이어집니다. 5월 개교기념일을 즈음하여 등산 경험이 없는 학생들을 상대로 지리산 종주 가이드 산행을 합니다. 15명 가량의 남녀 학생들이 함께합니다.

 성삼재를 지나 능선길에 진입합니다. 안개가 자욱이 깔린 길을 채 30분도 걷지 못하고 누군가가 집으로 돌아가겠다고 합니다. 동갑내기 여학생입니다. 떼쓰는 모습이 마치 어린아이 같습니다. 산행이 처음인 그녀는 앞으로 펼쳐질 일에 대해 전혀 알지 못합니다.

 동아리에서 산행 후미를 챙기는 역할을 맡았던 저는 '시작은 누구나 힘들다'는 논리로 설득을 합니다. 꽤 오랫동안 돌아가려는 여학생을 천천히 걷게 만듭니다. 2박 3일 동안 농담을 주고받으며 둘은 꽤 친해졌습니다.

산행을 무사히 마치고 몇 일 지나지 않아 뒤풀이 행사가 있었습니다. 여학생은 예쁘게 꽃단장을 했습니다. 치마를 자주 입지 않았었는지 행동이 서툽니다. 유난히 눈화장이 짙었던 기억입니다.

5월 신록의 계절처럼 젊음이 피어나는 시절이었습니다. 싱그러움과 풋풋함이 있었습니다. 지리산 자락 여행을 오면서 20여 년 전의 기억을 더듬어 봅니다.

설날 부모님을 뵙고

 가을부터 허리통증을 호소하던 어머니는 수술을 받고 한동안 병원 신세를 졌습니다. 아들을 보자 '돈을 많이 깨 먹어 골칫덩어리'라고 합니다. 함께 장에 들러 제사음식을 준비합니다. 아버지가 곰국을 먹고 싶다며 소 꼬리뼈, 엉치뼈, 살코기 등을 따로 구합니다.

 오랜만에 자식을 마주한 아버지는 옛 기억을 한 장면 끄집어내어 얘기합니다. 마을 사람들이 오가는, 보리타작 하던 공터를 절터인 것처럼 담장을 싸는 걸 보고 아버지는 스님을 불러 '남을 이롭게 해 먹고 사는 사람이 불편하게 해서 되겠소? 그러지 마소' 했더랍니다. 아버지 얘기는 꽤 여러 번 들었지만 모른 척 듣고 있습니다.

 어머니는 아들이 좋아한다며 미거지탕을 끓였습니다. 미끈거리는 탓에 못 먹겠다며 투정 부리던 어린 저에게 살점만 챙겨주셨던 기억이 있습니다. 나이가 들면서 미거지탕, 대구탕, 장엇국, 소고깃국, 감자탕, 김치찌개 등 어머니의 맛이 그리울 때가 자주 있습니다.

 설 연휴는 이렇게 지나갈 것이고, 또 아득한 기억으로 남겨지겠지요. 즐겁고 행복한, 사랑하고 위로한 기억으로 남겨지는 연휴 되시길 바랍니다.

 저도 그리 하리라 다짐해 봅니다.

개심 (開心)

중국어에는 개심(開心)이라는 단어가 있습니다.

스스로 마음을 활짝 열고 여러 사람으로부터 배운다는 의미입니다.

마음을 활짝 열면 자신의 빈 곳이 들여다보이고, 그런 다음에야 그 빈 곳을 다른 사람의 생각으로 채울 수 있는 여유가 생긴다는 뜻이기도 합니다.

마음을 열고, 스스로 변화를 받아들이는 삶을 살아야 할 것입니다.

홀로 벌초를 하며

 올해 가을은 유난히 하늘이 푸릅니다. 그동안 하늘 한번 올려볼 여유가 없었던 탓인지, 계절 변화를 인지하지조차 못하고 지나친 탓인지 스스로 아쉽기만 합니다. 추석을 앞두고 벌초하는 일은 아버지와 제가 늘 함께해 온 일입니다. 까마득한 기억 저편에 메뚜기를 잡으러 아버지를 따라나섰던 때부터로 기억합니다.

 집에서 산소까지는 꽤 먼 거리였지만, 아버지는 벌초하고 난 풀을 지게로 지고 내려와 소먹이로 주곤 하였습니다. 당신의 젊은 시절이었지요. 이제 아버지는 산을 오르는 일조차 힘에 부치는지 혼자 벌초를 하라고 합니다. 올해 들어 처음 찾아뵙는 산소라 잡초가 무성합니다. 혼자 벌초하는 일이 힘들어, 아버지의 빈 자리가 크게 느

껴집니다.

 벌초를 하고 돌아온 아들을 보고, 어머니는 미안한 마음에 당신들은 묘를 쓰지 말고 납골당을 만들라고 하십니다. 못 들은 척 무뚝뚝하게 대답하지 않았습니다. 부모자식 간 인연이 얼마나 지속될 수 있을까요? 생로병사가 자연의 이치라 여기면서도 정이 들고, 또 헤어짐을 준비하는 안타까운 마음은 어쩔 수가 없습니다. 추석이 지나고 또 계절이 바뀌겠지요.

 가을에는 가족, 부모님과 행복한 추억 만들어 가시기 바랍니다.

블렌하임 궁전의 가을

 늦은 시간 혼자 차를 몰아 영국 옥스포드 근교에 있는 블렌하임 궁전으로 왔습니다. 서쪽으로 해가 저물고, 그림자는 길게 늘어졌습니다. 궁전으로 향하는 길은 푸른 잔디와 호수, 커다란 나무가 조화를 이루고 있습니다. 짙은 초록의 잔디와 울긋불긋 물들어가는 가을 나뭇잎의 빛깔이 형언할 수 없는 아름다움으로 느껴집니다. 우연한 기회에 맞이한 순간이 영원한 기억으로 남겨질 것입니다.

 블렌하임 궁전(Blenheim Palace)은 1700년대 초에 지어진 것이라고 합니다. 1704년 말버러 공작(Duke of Marlborough)이 블렌하임 전투에서 승리하자 앤(Anne) 여왕은 공로를 치하하고자 우드스톡(Woodstock)에 저택을 지을수 있도록 돈과 토지를

하사했다는 것입니다. 말버러 공작은 저택을 짓기도 전에 블렌하임 궁전이라는 이름을 붙이고 건축가 겸 극작가 존 밴브루(John Vanbrugh)에게 설계를 맡겨 1705년 착공을 시작했습니다.

건축을 맡은 밴브루는 블랜하임 궁전을 인공호수, 다리와 정원이 어울어진 환상적인 곳으로 만들려 했습니다. 하지만 말버러 공작의 부인은 인부들의 일에 일일이 간섭하고 비용을 따지며 제동을 걸었다고 하며, 부인의 까탈스러움으로 앤(Anne) 여왕의 미움을 사 자금조달이 어려워져 오랫동안 건설이 중단되었다거나 송사에 휘

말리기도 했다는 것입니다. 이에 따라 편안한 노년을 보내려던 말버러 공작은 블렌하임 궁전에 단 하루도 머물지 못한 채 숨을 거두었다는 것이지요.

인색함의 결과가 어떤 것인지 잘 보여주는 일화입니다. 블랜하임 궁전은 3백여 년의 시간이 흐르면서 고풍스럽고 아름다운 자태로 많은 관광객을 맞이하고 있습니다. 하지만 정작 말버러 공작과 부인은 노년을 즐기려던 당초 계획과 달리 어려움을 겪으며 여러 다툼 속에서 세상을 떠나는 운명을 맞이한 것이지요.

궁전의 아름다움에 도취해 넋을 놓고 있으면서도, 안타까운 역사적 배경을 떠올리지 않을 수 없습니다. 사람 살아가는 것은 주변과의 인간적인 신뢰를 어떻게 쌓아가느냐 하는 것이 아닐까 생각해 봅니다. 너그러움과 관대함이 결국 자신과 주변을 위함이라는 것입니다.

혼자 찾아간 블랜하임 궁전에서 낙조를 봅니다. 구름 낀 하늘엔 노을이 붉게 물들어가고, 오리 떼가 잔잔히 호수를 가로지르고 있습니다. 가을이 짙어가는 주변 나무들은 색이 유난히 짙습니다.

본 저서는 저작권법을 준수하고자 인용구의 저작권자와 출처를 페이지 하단에 명시하였습니다. 인용구와 관련하여 문의주실 사항이 있으시다면 얼마든지 문의해 주시기 바라며, 필요할 경우 사용료를 지불하도록 하겠습니다.

한 사람이 살아가는 길
팍팍한 삶에 던지는 희망의 메시지

초판 1쇄 발행 2021년 8월 17일

글 그림 김영근

발행처 도서출판 북적임
출판등록 제2020-000007호
전화 010-9113-0166
팩스 0504-130-0166
이메일 pso1124829@gmail.com

Copyright © 2021 김영근

ISBN 979-11-969609-2-6 03800

- 책값은 뒤표지에 있습니다.
- 잘못된 책은 구입하신 곳에서 바꾸어 드립니다.
- 이 책은 저작권법에 따라 보호를 받는 저작물이므로 무단 전재와 무단 복제를 금지합니다.

> 도서출판 북적임에서는 작가 분들의 원고 투고를 기다리고 있습니다.
> 책 출간을 원하시는 작가 분은 이메일 pso1124829@gmail.com으로 책에 대한 간단한 개요와 집필 의도, 내용 요약본, 원고 등을 작성해서 보내주세요.